Au-delà de tous mes rêves

TONY PARKER

Écrit en collaboration
avec David Loriot

Au-delà de tous mes rêves

L'autobiographie du meilleur
basketteur français de l'histoire

BIOGRAPHIE

J'AI LU

Introduction

Le 10 juin 2019, j'ai officiellement annoncé la fin de ma carrière de basketteur. Je venais de fêter mes 37 ans et, même s'il me restait une année de contrat aux Charlotte Hornets, j'ai estimé que le moment était venu de clore le chapitre, celui de vingt années d'une vie plus riche, plus belle que tout ce que je n'avais jamais pu imaginer du haut de mes onze ans, quand je me rêvais en joueur NBA. En 2017, quand je me romps le tendon du quadriceps gauche, que je dois subir une lourde opération et observer sept mois de convalescence, beaucoup pensent que je ne foulerai plus jamais les parquets. Mais il était impensable pour moi de terminer ainsi. Alors, je me suis battu, je suis revenu. Avec les Spurs d'abord, mon équipe de cœur, avant une ultime saison sous le maillot des Charlotte Hornets, un engagement signé à l'été 2018, le seul finalement où j'aurais été un joueur libre en dix-huit ans de carrière NBA. Là-bas, il y avait Michael Jordan, mon idole, Nicolas Batum, mon ami. La boucle était bouclée et c'est moi, en toute sérénité, qui ai décidé de l'arrêt de ma carrière, pas les circonstances.

J'ai toujours eu cette volonté, au cours de mes vingt années de basket professionnel, de ne pas me laisser dicter mes décisions, de ne pas laisser le cours de choses influer sur mon destin. Au contraire, dès mon plus jeune âge, j'ai dû me battre contre les idées reçues. J'étais jugé petit (1,86 m) pour un basketteur ? Je compenserai par ma vitesse d'exécution et un mental inébranlable. Jamais un club de NBA n'avait confié les clés de son jeu à un meneur européen ? Il me faudra deux séances d'entraînement pour convaincre le coach, Gregg Popovich, et le staff des San Antonio Spurs de me recruter. Je passerai dix-huit ans au Texas, je deviendrai un leader des Spurs. Trop difficile de concilier NBA et équipe nationale ? Je m'accrocherai, j'y reviendrai malgré les échecs, je prendrai soin de garder tout le monde mobilisé, jusqu'à remporter l'Euro 2013.

Je dois tout au basket. J'ai fait de mon terrain de jeu préféré ma passion, c'est devenu ma profession et je suis entré dans l'histoire de mon sport, peut-être même du sport en général. Grâce à lui je suis devenu un homme d'affaires désormais. Je vis aujourd'hui entre mes deux pays, la France et les États-Unis.

Jamais je n'aurais imaginé connaître un tel destin. Même dans mes rêves les plus fous, dans ma chambre d'enfant en Normandie tapissée de posters de Michael Jordan. Il fut mon idole, mon inspiration, y compris pour préparer très tôt ma deuxième vie dans le business. J'ai évidemment beaucoup travaillé pour m'offrir cette vie rêvée que je veux vous faire partager. Parce que si vous tenez ce livre entre les mains, c'est que, d'une façon ou d'une autre, mon basket ou ma personnalité vous ont intéressé un petit peu. Dans les pages qui suivent, je vais vous raconter ma vie, le plus simplement du monde. Avec mes mots et ma sincérité, que le journaliste de *L'Équipe*, David Loriot, a patiemment recueillis et mis en forme. Je vais même parfois me permettre de te tutoyer, cher lecteur, parce que c'est ma façon de m'exprimer, direct et sans grande phrase.

Mais avant de te parler de moi, j'aimerais te présenter ma galaxie, celle de mes proches qui m'aident et m'accompagnent depuis si longtemps et sans qui, assurément, je ne serais pas là aujourd'hui, à te conter mon histoire.

Tony Parker Senior, mon père

Il m'a transmis la fibre et la passion. Originaire de Chicago, il est venu faire carrière en Europe dans les années 1980. Il a joué aux Pays-Bas, en Belgique, puis en France, notamment à Denain, Dieppe et Rouen. C'est lui qui m'a inculqué ce mental de vainqueur qui a fait ma force. Dans son approche, sa façon de voir le sport, il a été primordial dans mon éducation, il a participé à me construire mentalement, à ne jamais lâcher, à toujours rester positif. Aujourd'hui, il est installé à Chicago et je lui parle très régulièrement.

Pamela Firestone, ma mère

Ma mère était mannequin quand elle a rencontré mon père. Puis elle est devenue naturopathe. Elle nous préparait son fameux jus d'herbe tous les matins. Ma maman, c'était la santé, comment bien manger, optimiser mon corps, les temps de repos. Après, elle était curieuse des choses. Si j'ai fait de la musique, autant de business, si je me suis intéressé à plein de choses, c'est grâce à ma mère. Aujourd'hui, elle habite à San Antonio parce qu'elle ne voulait pas être loin de nous.

TJ Parker, mon frère cadet

J'ai une relation très forte avec mes deux petits frères. Je me suis occupé d'eux très tôt puisque j'ai deux ans de plus que TJ (Terence Jonathan) et quatre ans de plus que Pierre. Chacun d'entre eux a été un soutien incroyable pour moi. Je ne pouvais pas rêver de meilleurs frères. Ils n'ont jamais laissé la jalousie s'installer entre nous, ils ont toujours été les premières personnes que j'appelais après un gros match, ceux à qui je voulais parler. TJ, champion de France 2008 avec Nancy en tant que joueur, est désormais assistant coach à l'ASVEL. Il sait ce qu'il veut, il est fort mentalement. On a un peu le même profil.

Pierre Parker, le benjamin

Pierre s'est très vite tourné vers le coaching des jeunes. D'abord au Texas avec les 15-18 ans de la San Antonio High School, puis désormais à l'ASVEL où il a en charge les moins de 18 ans. Pierre a été plus patient, il a mis un peu plus de temps à trouver sa voie, mais maintenant il est dans ce qu'il veut faire. En 2019, il finissait de passer ses diplômes de coach. Il a trouvé sa voie.

MES DÉBUTS

Je n'ai pas de souvenirs de ma toute petite enfance. Le plus loin dont je me souvienne, c'est à l'âge de 6 ans. Avant, rien ! J'ai les photos que ma mère me montre, bien sûr, et ce qu'elle me raconte. Elle m'a dit que, jusqu'à mes 3 ans, j'étais tout le temps avec elle, je ne la lâchais jamais, je m'agrippais à ses cheveux et je ne voulais jamais quitter ses bras. Ensuite, c'est mon père que j'ai collé. Je le suivais partout, je faisais tous les échauffements avec lui sur le terrain de basket. J'ai touché mon premier ballon à 3 ans. Il était bien plus gros que moi, mais il paraît que j'essayais quand même de dribbler ! Je n'en ai aucun souvenir. Juste ce que l'on m'a raconté. Mais ce sont de belles histoires aussi.

En fait, la première image nette, mon premier souvenir, c'est à l'école primaire, au CP exactement. J'ai 6 ans, je suis dans la cour de l'école, en train de jouer au basket pendant la récré. Tout à coup, une grosse fille me tombe sur la jambe et me la plie en deux ! Je suis resté à quatre pattes sans pouvoir me relever. Le prof est venu m'engueuler dans la cour : « Allez, lève-toi ! » Moi, je pleurais, je lui disais que je ne pouvais pas et il ne me croyait pas. Je suis rentré à la maison comme j'ai pu pour que, finalement, on m'emmène à l'hôpital. J'avais la jambe cassée, le tibia fracturé.

De cette histoire, qui est finalement la première de ma vie, l'autre image que j'ai gardée, c'est quand on m'a enlevé le plâtre. Ma jambe était toute maigre par rapport à l'autre et je me suis effondré en larmes, en disant à ma mère que je ne pourrai plus jamais marcher comme avant.

Je n'ai pas de souvenirs de la famille Parker réunie. Je sais seulement que ça n'allait plus très bien entre mes parents. Ils ont divorcé quand j'avais 5, 6 ans. On était à Gravelines. J'ai l'image de ma mère terriblement triste parce qu'en plus, son père venait de décéder. Je ne l'avais vu qu'une fois, mon grand-père, je ne m'en souviens pas.

Quand je raconte tout cela, en fait, je me rends compte que toutes ces péripéties de l'enfance ne m'ont jamais réellement affecté. Je ne me souviens pas que cela m'ait fait mal au cœur. Je me suis sans doute dit : « C'est la vie ! » Je pense que, dès ces instants-là, j'ai adopté cette attitude d'être super positif. Selon les problèmes, les hauts et les bas qui vont jalonner ma vie, j'ai toujours cherché le pourquoi, la raison pour laquelle cela arrivait. Quand j'entendais mes parents s'engueuler, je me disais que cela ne servait à rien qu'ils restent ensemble. Quand ils se sont séparés, ils ont été directs : ils nous ont dit qu'ils ne s'entendaient plus, qu'ils s'engueulaient tout le temps et que c'était mieux ainsi ; mais aussi qu'ils nous aimaient et qu'ils allaient tout faire pour que l'on soit heureux. Et c'est ce qu'ils ont fait. Moi, je n'ai jamais eu l'impression que mes parents étaient divorcés. Ils l'étaient, oui, parce qu'ils ne vivaient plus ensemble, ils ne dormaient plus ensemble. Mais ils étaient tout le temps là. À tous mes événements sportifs, tous mes matches, à chaque fois qu'il y avait un grand truc, ils étaient là, tous les deux. Je n'ai jamais eu de moments de nostalgie, de coups de spleen parce que mes parents n'étaient plus ensemble. De toute façon, je n'ai aucun souvenir de mes parents en train de s'embrasser. J'ai dû le voir quand j'avais 2, 3 ans, mais je n'en ai aucun souvenir. Et c'est finalement assez étrange qu'en grandissant comme ça, j'ai quand même voulu me marier. Ça ne m'a pas affecté.

Fécamp, là où tout a commencé

Je suis né à Bruges, en Belgique, parce que mon père jouait au basket là-bas à l'époque, mais je n'y suis resté que trois semaines, car il a ensuite signé à Denain, près de Valenciennes. Ma mère est néerlandaise, avec un passeport américain. Mon père est américain. Quand mes parents divorcent, ma mère a des problèmes de papiers, elle n'arrive pas à obtenir de visa de travail et elle ne peut donc pas nous garder. Mon père, lui, en a un, grâce à son contrat avec le club de basket.

Au début de leur séparation, avec mes frères, on ira donc vivre avec mon père à Dieppe. Cela a été difficile pour ma mère. Mais elle n'était pas loin, elle vivait à Fécamp et venait nous voir pendant les vacances scolaires. Ensuite, quand elle s'est remariée, on a pu la voir plus souvent. Quand j'ai eu 9 ans, mon père est retourné un an aux États-Unis pour essayer de trouver un job. Après avoir un temps envisagé que nous partions, mes frères et moi, avec lui, nous sommes finalement restés avec notre mère. C'est comme ça que je suis arrivé à Fécamp.

J'aurais très bien pu ne jamais vivre en France et donc ne jamais avoir la nationalité française, ni jouer en équipe de France ! À cette époque, j'étais encore américain. C'est à 14 ans que je vais devenir français, quand je suis appelé en équipe de France Cadets. Lucien Legrand, le coach, Yvan Mainini, le président de la Fédération française et Jean-Pierre De Vincenzi, le DTN, vont s'occuper de toutes les formalités pour que j'obtienne le passeport et que je puisse jouer l'Euro Cadets en 1997.

J'avais 9 ans quand j'ai pris ma première licence de basket. Avant cela, je jouais au foot et j'avais fait du VTT. J'aimais bien ça, le vélo, ma mère m'avait inscrit à Gravelines. Le foot, c'était à 7, 8 ans, à Dieppe. J'avais adoré la Coupe du monde 1990 à la télé, Toto Schillaci avec l'Italie. Je ne sais pas pourquoi ce joueur m'a marqué à ce point. Et puis je découvre les finales NBA ! Michael Jordan, Magic Johnson... Mon père joue au basket, donc j'y ai toujours joué plus ou moins. Mais à partir du moment où je vois les finales 1991 Bulls-Lakers à la télé, ça change tout. Ce sont mes premières images. Je décide aussitôt de m'inscrire au basket. Derrière, en 1992, c'est les JO à Barcelone, la Dream Team, la NBA qui explose en France et là, c'est parti.

À Fécamp, j'ai plein de bons souvenirs, dans la maison, rue d'Arquais. Ma mère a vécu un an avec nous, puis mon père est revenu des États-Unis, il nous a repris tout en gardant la même maison, ma mère s'en allant vivre avec son deuxième mari. À l'époque, on faisait de la voile sur le lac de la Ballastière, ma mère nous emmenait en pique-nique, on faisait les musées, les sorties dans la nature avec elle, en 2 CV, avec notre chien, un saint-bernard, qui prenait toute la place dans le coffre ! Ma mère avait un côté bohème, c'était un peu l'aventure avec elle. Avec mon père, c'était plus cadré. C'était le basket, les entraînements, les matches. Lui aussi jouait à Fécamp à l'époque. Dans cette maison, ce sont de bons moments, des soirées jeux vidéo avec mes frères, TJ qui a deux ans de moins que moi et Pierre, le « petit » qui a quatre ans de moins que moi. Nous sommes très proches. Mon père travaillait beaucoup, je devais souvent les garder. On se cuisinait nos petits trucs. Oh, ce n'était rien d'élaboré bien sûr, des trucs simples, des spaghettis à la bolognaise, des œufs, du poisson pané… Et puis, le week-end, on avait notre petit plaisir : la pizzeria Chez Momo, qui n'existe plus aujourd'hui, en face de la maison. On adorait cela avec mes frères, c'était un peu notre sortie. La quatre-fromages avec l'œuf au milieu, notre préférée ! On s'amusait bien. Il y avait les tournois de foot sur le sable, l'été, où on se prenait pour des Brésiliens. Il y avait la bouée banane sur l'eau, on allait se baigner même s'il faisait froid. J'ai toujours aimé l'eau, j'ai toujours pensé que j'étais un petit poisson. On pouvait y rester des heures avec mes frères. Mais avant de partir à la plage, on avait notre petit rituel. On regardait systématiquement s'il y avait du vent et de quelle couleur était le drapeau. Et tant qu'il n'était pas rouge, on ne voulait pas y aller ! Mais dès qu'il était rouge, on fonçait, en se disant qu'il y aurait du vent et des grosses vagues ! On mettait nos chaussures à cause des galets et on allait se baigner. De la maison, on marchait vingt minutes, c'était une bonne sortie, on traversait toute la ville. C'était sympa. Ce sont les premiers moments de mon enfance, j'aurai toujours un lien particulier avec cette ville. Fécamp, c'est ma première licence, c'est là où j'ai commencé le basket. C'est là où tout a commencé.

Ma première défaite douloureuse

Quand j'ai eu 10 ou 11 ans, on est parti pour Rouen parce que mon père avait un nouveau job, à la mairie. Il bossait au service des sports, initiait les jeunes au basket dans les quartiers difficiles. Là aussi, on a vécu des super bons moments. Surtout, c'est là-bas que j'ai vraiment commencé le basket sérieusement. À Déville-lès-Rouen, la première année, puis Mont-Saint-Aignan la deuxième, en championnat de France Minimes. Ce sont mes premiers vrais gros matches, mes premières vraies compètes. C'est là que le basket commence à prendre toute la place. Ensuite, quand j'intègre l'équipe de France Cadets, puis l'INSEP, c'est un peu comme si je commençais ma vie de basketteur professionnel. Tout va aller très vite.

À Rouen, un de mes copains et coéquipiers à l'époque, Lionel Rougier, avait un sous-sol chez lui d'une quinzaine de mètres carrés. Il avait un panier, pas trop haut, idéal pour que l'on puisse dunker. Tu ne pouvais faire que des deux-contre-deux, trois-contre-trois à la limite, mais pas plus. Dans ce sous-sol, tous les week-ends, on jouait des heures et des heures. On faisait notre match en club et derrière, on allait jouer chez lui tellement on aimait ça ! On jouait jusqu'à avoir mal partout, jusqu'à n'en plus pouvoir.

De cette période, je garde toujours un souvenir très douloureux, celui de la défaite en finale du championnat de France Minimes avec Mont-Saint-Aignan. On aurait dû gagner, on avait la meilleure équipe. C'était la première fois que je perdais quelque chose et c'était aussi ma première chance de gagner quelque chose en club. J'avais déjà reçu des distinctions individuelles, avec la sélection de Haute-Normandie notamment, mais déjà, à l'époque, je sentais que rien ne valait un titre collectif. En demi-finale, on joue l'ASVEL et on gagne de cinq points. C'était la finale avant l'heure. On se dit que c'est bon, qu'on va être champions. En finale, Montpellier nous fait quarante minutes de zone, en minimes ! On perd de deux points. J'ai le tir de la gagne, à trois points, et je le loupe. Ça m'est resté en travers de la gorge pendant longtemps. Ce qui m'avait marqué le plus, c'était la tristesse de mes copains et coéquipiers, Alexis Rambur, Lionel Rougier, Gaëtan Muller. Nous étions jeunes, mais j'étais un peu le leader de l'équipe, celui qui était censé amener l'équipe *to the promise land* comme on dit en anglais. C'était dur à encaisser. Même à 13 ans, je le prenais très à cœur. En plus, cette saison-là, on perd en demi-finale du championnat d'Europe Cadets contre la Russie quelques semaines après, avec l'équipe de France. Là, je me dis que je suis maudit. J'étais terriblement triste.

Aujourd'hui, je pense que tu es sans doute obligé d'en passer par là. Ces entailles, ces défaites font très mal quand tu es jeune, mais je suis intimement persuadé que c'est ce qui m'a donné la motivation, ensuite, pour vouloir gagner et dominer avec ma génération. Ces expériences m'ont nourri et c'est aussi pour ça que le titre de champion d'Europe Juniors en 2000 est aussi spécial pour moi. C'est la première fois que j'ai gagné quelque chose et c'était déjà tellement important pour moi de gagner. Déjà, le basket rythmait ma vie.

Sur les murs de ma chambre, il n'y a que Jordan

À la maison, avec mon père, c'était très, très strict. Il nous a inculqué la discipline. Si on faisait des bêtises, c'était tout de suite la ceinture ou la chaussure. Je me souviens d'un jour en particulier. Mon père partait travailler. Dans le salon, il y avait un trophée qui représentait un joueur en train de shooter. Mon père nous avait bien prévenus : « Je ne veux pas que vous jouiez au basket dans le salon ! » On avait un petit panier, collé au mur, au-dessus de la porte du salon. Et évidemment, avec mes frères, on s'est mis à jouer une fois qu'il était parti ! Et puis, l'un de nous a loupé un tir. La balle a rebondi directement sur le trophée. Il est tombé par terre, décapité ! Tu avais le joueur en train de shooter, mais il n'avait plus de tête ! Avec mes frères, on s'est regardés : « Là, on va se faire tuer ! » Le soir, quand il est rentré, notre père n'était pas content. Pas content du tout. Il nous a baissé le froc et on a pris une correction ! C'était sa façon à lui de nous discipliner. Trois garçons à la maison, ce n'était pas simple. Après, en tout cas, on faisait moins les malins.

Avec ma mère, c'était plus freestyle. Elle nous voyait moins souvent aussi, elle avait envie d'en profiter. Mon père, lui, nous avait tous les jours, il était sévère avec l'école aussi. Même si l'on s'est très vite orientés vers le sport, il voulait quand même que l'on soit sérieux à l'école. À la maison, mon père parlait en anglais et je lui répondais en français. Il y avait toujours les deux langues à la maison, alors qu'avec ma mère, on parlait en français. Je n'ai jamais appris le hollandais !

Dans ma chambre, les posters au mur, ce n'est que Jordan. Il n'y a aucun autre joueur. C'était mon idole, mon exemple. Je voulais faire pareil. À l'époque, les enfants rigolaient quand je disais ça. Ils répondaient : « Tu es trop petit », « Tu es trop maigre » et « Il n'y a aucun joueur français en NBA ! » « Tu n'y arriveras jamais ». Et moi, je ne sais pas pourquoi, j'avais ce truc en moi qui me disais : « Mais si, je vais y arriver ! »

Dès l'âge de 12 ans, en fait, quand j'étais en championnats de France Minimes, avec un an d'avance, voire presque deux sur certains joueurs, je voyais que je jouais bien, que je pouvais dominer. Mais quand je disais que je voulais aller en NBA, on me répondait : « Tu as la grosse tête, tu ne peux pas parler comme ça ! » J'avais juste confiance en moi. Je m'inspirais de Jordan. Je savais que pour réussir il fallait avoir une grosse confiance en soi.

Oui, j'étais petit, oui, ce n'était encore qu'un rêve. Mais quand j'arrive à l'INSEP, le centre fédéral qui regroupe à l'époque les meilleurs jeunes joueurs français, à 15 ans, là, ça passe du rêve à un réel objectif. C'est ma mère qui m'y emmène, en 2 CV. Le coffre est plein de la première partie de ma vie. Je ne me souviens plus de la couleur des bâtiments, mais les salles Boris Diaw et Tony Parker n'existaient pas encore ! Ce que je me rappelle en revanche, c'est que le jour où ma mère me dépose, il fait beau. Peut-être un signe… Mais sur le moment, en sortant mes affaires du coffre et en allant m'installer dans ma chambre, je prends surtout conscience que c'est le début de l'aventure, je commence la « vraie vie ».

Quand j'entre à l'INSEP, que je laisse mes parents et mes frères à la maison, je me dis : « OK, mon seul objectif maintenant c'est d'aller en NBA ! » C'est comme une promesse, un engagement. Quitte à faire des sacrifices, quitte à ne pas faire la fête avec les jeunes de mon âge. Je n'ai pas touché à la cigarette, je n'ai pas touché à la drogue. Tous les trucs qui auraient pu m'empêcher d'aller en NBA, dès l'âge de 15 ans, je n'y touche pas. À l'école, tout le monde fumait, ça faisait cool. Moi je disais : « Non, je veux aller en NBA et ça, ce n'est pas bon pour moi. » J'ai aussi arrêté de boire des sodas. À 15 ans, plus de Coca, de Fanta, de Sprite ! J'ai commencé à être discipliné, tourné vers ce seul objectif, la NBA. J'ai arrêté les bonbons aussi, alors que j'adorais ça quand j'étais petit. Quand mon père me donnait cinq francs, c'était cinq francs de bonbons ! Les seuls écarts que je m'autorisais parfois, c'était un petit fast-food, une petite pizza de temps en temps. J'adore manger, je suis un petit gourmand, je suis français, j'ai même le passeport désormais !

Très tôt, très jeune, j'ai senti la pression. Dès le championnat d'Europe Cadets, où je n'ai alors que 14 ans. Je n'avais jamais ressenti cela avant et quand tu as 14 ans, il faut réussir à vivre avec cette pression permanente. Elle ne me quittera jamais en réalité. Quand tu es l'ambassadeur d'un sport, que tout le monde compte sur toi, que tous les espoirs reposent sur toi, il faut apprendre à vivre avec ça au jour le jour. Plus tard en NBA, je vais en plus rejoindre un club, les San Antonio Spurs, où les attentes sont omniprésentes, à chaque match. Et avec un entraîneur, Gregg Popovich, qui va me mettre la pression constamment.

En fait, je suis bien content d'avoir pu faire et voir autre chose dans mon enfance. Ma mère m'a apporté cette curiosité, cette envie de découvrir d'autres univers. Très tôt, j'ai voulu connaître le monde du business par exemple. En musique, je suis passé du rap au rock et au classique. Tout cela, c'est un peu grâce à ma mère. Même si le basket était ma priorité, mon rêve absolu, elle m'a ouvert l'esprit pour que je ne pense pas qu'au basket. Très tôt, je me suis dit qu'il n'y avait pas que cela dans la vie. Et heureusement. Ça m'a vraiment permis d'évacuer toute cette pression tombée très jeune.

La mère de mon ex-beau-père était fromagère. C'est d'ailleurs peut-être à ce moment-là que j'ai commencé à aiguiser mon palais de petit gourmand. J'adore la nourriture fine. Ça a commencé là, quand j'avais tous les fromages du monde étalés sur une table dans le garage. Je dormais dans une chambre juste au-dessus et forcément, ça donne envie, tu vas voir, t'es curieux. Je descendais, en douce, pour en goûter quelques-uns. Aujourd'hui encore, je fais des repas où je me régale avec un plateau de fromages et un bon vin, terminé !

D'ailleurs, ça m'a toujours fait marrer avec les Spurs. Toutes les deux semaines, ils prenaient notre taux de graisse et au bout de trois, quatre ans, avec moi, ils ont abandonné : « Tu ne seras jamais à 5 ou 6 % de masse graisseuse, tu aimes trop manger du fromage ! Mais tant que tu es performant sur le terrain, on ferme les yeux. » Et ils ne m'ont jamais embêté avec mon taux de graisse.

Le fait d'aller sur les marchés, ça a été une super expérience. J'avais 10 ans, je vendais du fromage et du poulet. Le poulet, ça payait un peu plus, ça me rapportait un peu plus de bonbons ! Je travaillais deux, trois heures et on me donnait vingt francs. C'était énorme pour moi. On n'avait pas grand-chose, on n'a pas vécu avec grand-chose. Mais je ne l'ai jamais ressenti. Mes parents faisaient tout pour que l'on vive bien, sans problème, sans manque. Même si parfois le frigo était vide, on trouvait toujours une solution pour positiver, avec mes frères.

À Déville-lès-Rouen, quand ça a commencé à être plus sérieux, sur les premières sélections régionales, je voyais que j'avais une facilité à battre mon vis-à-vis, un petit toucher aussi. Je faisais déjà le tear drop et j'étais plus rapide que tout le monde. Quand les coaches ont vu que, si je continuais à progresser, avec cette arme, la vitesse, qui me rendait presque inarrêtable, je pouvais aller très loin, je me suis dit que j'allais faire ça sérieusement. J'avais devant moi une belle porte de sortie.

Je me souviens d'un match. J'avais 12 ans, on jouait Saint-Omer, on avait perdu de 20 points là-bas, on s'était fait tuer. Ils avaient une fanfare de malade, un public de malade, c'était génial ! Et avant le match retour qu'il fallait gagner de plus de 20 points, je dis à tout le monde qu'on peut le faire. Le vendredi, l'avant-veille du match, je vais chez le coiffeur, je rase toute une bande de cheveux autour de ma tête et je fais inscrire *Just do it*, le slogan de Nike ! La phrase faisait tout le tour de ma tête et elle était terminée par le logo Nike. Le dimanche, on joue et on gagne de trente points ! Je fais un match de folie, je me dis que j'ai quelque chose, que je peux franchement faire un truc dans ce sport. C'est là aussi que je me teste en leader, que j'essaie de motiver tout le monde. Je me souviens que mes coéquipiers étaient galvanisés.

Le lundi, je retourne à l'école, tout fier, avec ma coupe de cheveux de vainqueur ! À peine passé le portail, je me fais choper direct par le principal : « Viens là, toi. Non, non, non, tu ne peux pas aller à l'école comme ça ! » J'ai dû raser mon *Just do it*. J'étais dans une école catholique, avec les bonnes sœurs et tout ça, donc ça ne se faisait pas. Ma coupe de cheveux, je l'ai gardée deux jours. Je n'ai même pas de photo avec !

« Tu as carte blanche si tu shootes à 50 % »

Quand on parlait basket, mon père avait toujours un discours paternel. Il n'était pas coach. Jamais, il n'est intervenu auprès de l'un de mes coaches pour dire « mon fils, il faut l'utiliser comme ci ou comme ça... » Sur deux, trois situations, il m'a donné des conseils, bien sûr, mais il n'intervenait pas dans le jeu. Il était bien plus focalisé sur mon attitude, si par exemple j'avais trop parlé aux arbitres ou comment je devais me comporter pour motiver mes coéquipiers, comment prendre l'ascendant sur mon adversaire, travailler sur ma main gauche, etc. Mais sur le plan du coaching, il restait à sa place. Il s'en tenait à : « Si tu veux faire cela, il va falloir être discipliné, ne pas faire de bêtise, ne pas faire la fête... Voilà les sacrifices que ça implique. Il faudra que tu oublies un peu ta jeunesse. » C'était ce que je voulais faire. Ce n'était pas une contrainte pour moi. C'était ma passion, donc c'était normal et je ne voyais pas les sacrifices, en fait. Je n'ai jamais vraiment compris que certaines stars, parfois, partent en vrille parce qu'elles ont l'impression de ne pas avoir vécu leur jeunesse. Si tu veux faire ce métier, il ne faut pas faire la fête, point. Sinon, tu fais un autre métier. Pour moi, ta passion doit passer au-dessus de tout, et ce que cela suppose pour réussir ne devrait même pas être une contrainte. Je n'ai jamais ressenti de manque. Je n'ai jamais eu le sentiment de passer à côté de quelque chose durant mon enfance et mon adolescence. C'était normal. Et puis, voir les autres faire la fête et vomir le lendemain, ça ne me donnait pas franchement envie !

Bien sûr, j'ai quand même fait quelques fêtes d'ados. Je me souviens d'une, à l'INSEP, à 15 ans. C'était en fin de première année, pour fêter notre bonne saison. On avait terminé cinquièmes du championnat, on avait battu le record de victoires à l'INSEP avec seize matches gagnés. Un record que l'on a toujours, d'ailleurs. Je n'ai bu que du Malibu ce soir-là. Ma première cuite. Le lendemain, je n'étais pas bien, j'ai vomi et j'ai appelé ma mère, un peu honteux. Je suis parti courir une heure dans la forêt pour essayer d'évacuer, de me nettoyer, comme si je me sentais un peu coupable.

Cette maturité acquise très tôt, cette nécessité de m'occuper de mes frères parce que mon père était souvent absent, c'est ce qui m'a fait vivre en accéléré. C'est ce qui a fait que j'étais prêt, à 17 ans, quand j'ai signé mon premier contrat pro avec Paris. C'est ce qui a fait que j'étais prêt, à 15 ans, en arrivant à l'INSEP, à jouer avec des gars de deux ans plus âgés que moi et face à des équipes où les mecs avaient entre 25 et 30 ans ! Moi j'en avais quinze et dès la première année, je suis élu dans le All-Star de Nationale 1 ! J'avais conscience que j'étais en avance et je ne voulais surtout pas gâcher ça.

Il y a un match référence pour moi à cette époque, c'est celui contre Bondy. Bondy est premier du championnat de N1 et je mets 28 points. Franchement, je domine le match. Là, je me dis :

« Si à 15 ans j'arrive à jouer comme ça contre ces joueurs-là, alors je peux vraiment aller très, très loin. » Ce match a dit long sur mes capacités et la confiance que j'avais en moi. Après, la deuxième année à l'INSEP, c'est la confirmation. J'ai tout explosé et j'ai terminé meilleur marqueur de N1.

Avant l'INSEP, un entraîneur m'a marqué. Pascal Pizan, à Déville-lès-Rouen puis à Mont-Saint-Aignan. Il était un peu à la Popovich. Très sévère, mais juste. Il était bien pour moi. Il me donnait carte blanche, tout en ne me laissant pas faire n'importe quoi. Très tôt, j'ai eu des coaches assez sévères, qui ont mis l'accent sur l'efficacité : shooter à plus de 50 % de réussite, ne pas prendre de mauvais tirs. Ils m'ont fait comprendre que ce n'était pas parce que j'avais un certain talent que je pouvais me permettre de prendre n'importe quel tir. C'était la même chose avec Bruno Suarez, qui était mon coach avec la sélection de Haute-Normandie et au CERN. Il avait la même philosophie.

Après, il y a eu Lucien Legrand, mon coach en équipe de France Cadets puis durant mes deux saisons à l'INSEP. C'est lui qui passe le deal avec moi : « Tu as carte blanche en attaque à condition que tu shootes à plus de 50 % ! » Quand tu es un meneur-scoreur, c'est important d'être efficace. À l'époque, je me battais contre des meneurs classiques. En France, ce n'était pas « normal » qu'un meneur de jeu soit aussi agressif. Alors qu'aux États-Unis, il y en avait plein ! En France, c'était plus Valéry Demory, l'exemple du meneur français. Et moi, je me disais que je ne pouvais pas gâcher ce talent de scoreur ! Mais, pour mériter cette « liberté » dans le jeu, il fallait que je shoote à 50 %. Comme ça, les gens ne pouvaient rien dire. J'ai toujours eu ça en tête tout au long de ma carrière. Et si on regarde l'évolution de ma carrière, j'ai toujours travaillé pour réunir, petit à petit, les deux aspects du meneur de jeu : le scoreur et le passeur, pour me retrouver au milieu de la ligne, tout en gardant à l'esprit cette nécessité de shooter à 50 %.

Le seul coach qui était un peu différent, pas vraiment dans ce profil-là, c'était Pierre Vincent. Un peu dans le genre de Phil Jackson, l'entraîneur aux onze titres NBA avec les Bulls (6) et les Lakers (5). Mais au final, leur complémentarité a été très bénéfique pour moi. Pierre m'a montré une autre vision du basket. C'est lui qui m'a inculqué les bases de ce qu'était un vrai meneur de jeu. Il m'a poussé à prendre mon temps, à ne pas vouloir nécessairement tout scorer au premier quart-temps. Il m'a enseigné cette notion de partage, le fait de faire confiance à mes coéquipiers. Il m'a beaucoup aidé dans ce sens-là. Et il avait raison car tu ne peux rien gagner sans tes coéquipiers.

La première fois que j'ai rencontré Pierre Vincent, lors d'un stage à Mont-de-Marsan, il a halluciné : « Mais qu'est-ce que c'est que ce môme ! Tu vas vite, mais il n'y a pas de contenu basket ! » Et c'était ça. Pour moi, je battais mon vis-à-vis, donc c'était réglé, ça suffisait. J'étais dans les duels, pas dans la stratégie, à rechercher la bonne situation pour mes coéquipiers. Quand tu es jeune, benjamin, minime, tu veux juste dominer ! Et celui qui marque le plus de points est celui qui gagne ! Le basket, à cet âge-là, c'est assez basique. Mais j'ai toujours été à l'écoute, j'ai toujours pris les critiques positivement, dans un sens constructif. Si je voulais être un des meilleurs au monde, il fallait que je sois tactique et stratégique. Tout ce qu'il me disait me semblait logique. C'était l'autre face du jeu que je n'avais pas encore explorée jusqu'alors et dans laquelle je devais absolument progresser pour devenir un joueur complet.

En NBA, il y avait deux meneurs que j'aimais bien à l'époque : Isiah Thomas et Gary Payton. Ils étaient à peu près de ma taille. Isaiah était plutôt rapide et chez Gary, j'aimais bien sa confiance en lui. Je commence à suivre le basket français vers 15 ans. Avant, j'étais plus NBA. Mes premiers souvenirs, ce sont les Cardiac Kids de Levallois. Mous Sonko, Thierry Zig, Sacha Giffa, Vincent Masingue. Je regardais aussi l'ASVEL, avec Delaney Rudd, Alain Digbeu, le Final Four à Rome en 1997. Mais je n'ai pas de souvenirs du titre européen de Limoges en 1993 ! Bien sûr, plus tard, quand je vais vraiment m'intéresser à l'histoire du basket français, Dacoury, Rigaudeau, la French Team de Pau en 1996, etc., je vais regarder cette finale de Limoges 1993 avec l'interception de Fred Forte sur Toni Kukoc. C'était défensif de ouf ! En tout cas, le joueur français que j'aimais le plus en grandissant, c'était Mous Sonko. C'était celui qui ressemblait le plus à mon jeu.

J'aime l'histoire de ce sport. J'ai revu toutes les finales de Larry Bird, de Magic Johnson, les matches de Jordan, les finales 1989 et 1990 des Detroit Pistons. Je demandais à mon père de faire venir les cassettes VHS des États-Unis. Quand je suis arrivé en NBA en 2001, Gregg Popovich a été très impressionné par ma culture de la NBA. Je connaissais l'histoire, tous les anciens joueurs ! Je peux te sortir tous les champions et toutes les finales depuis 1979.

Ma confiance passe parfois pour de l'arrogance

Pour l'Euro Juniors 1998, je suis double surclassé : j'ai deux ans de moins que la plupart des joueurs. Pierre Vincent, le sélectionneur, demande aux gars de constituer l'équipe qui ira à l'Euro et mes coéquipiers ne me mettent pas dedans ! Il y en a treize sur seize qui ne veulent pas me prendre ! J'étais le petit jeune, j'avais deux ans de moins. Peut-être qu'ils n'appréciaient pas trop non plus mon côté un peu sûr de moi, je ne saurai jamais… Mais ça ne m'a pas vexé, je savais que ça n'était pas parce que je n'étais pas assez fort ! Sûrement plutôt parce que je l'étais trop ! D'où peut-être aussi un peu de jalousie. Pour moi, ils ne comprenaient pas. Je ne leur en voulais pas, je ne l'ai jamais mal pris. Je me disais : « Ils ne peuvent pas comprendre. Mes objectifs sont beaucoup plus hauts. Ça ne vaut pas la peine de m'embrouiller avec eux et perdre mon temps ou de l'énergie avec ça. » Au final, Pierre Vincent m'a quand même pris dans l'équipe. Mais cet épisode a créé un déclic dans ma tête : il allait falloir que je fasse un pas vers mes coéquipiers pour leur donner envie de jouer avec moi.

« L'important c'est de participer ! » Je détestais cette phrase. Il n'y a rien qui m'agaçait plus à l'époque, en grandissant en France : on était OK avec le fait de terminer deuxièmes, troisièmes, quatrièmes, tant que l'on s'était bien battus. C'était ça, la France, avant que le foot ne gagne en 1998, que Teddy Riner commence à tout gagner et que moi j'explose. On aimait bien perdre, à la limite ! Comme si ce n'était pas bien de gagner. C'est sans doute pour cela que je devais déranger pas mal de monde. Ma confiance était prise pour de l'arrogance. Quand j'étais petit, on disait tout le temps que j'avais la grosse tête, que je ne pouvais pas parler comme ça, etc. Mais ce n'était pas de l'arrogance, pour moi. J'avais juste confiance en moi et j'avais envie de montrer que c'était possible de gagner en France. Mais quand tu es un des premiers qui bougent les lignes, quand tu es un pionnier, tu te prends ces remarques en pleine face. Ça ne m'a jamais empêché de continuer. J'ai juste eu de la chance d'avoir des coaches, qu'ils soient dans le profil de Lucien Legrand ou Pierre Vincent, prêts pour le changement et prêts à m'accompagner et à dire : « Tu sais quoi, le petit, là, il va peut-être nous amener haut... »

Sur ce plan, j'ai toujours été très avance dans ma tête. La culture américaine de mon père y est pour beaucoup, forcément. On a eu des tas de discussions ensemble à ce sujet, qui se sont toutes conclues par : on continue, on avance, on ne bouge pas de nos lignes et un jour ils comprendront. À 14 ans, quand mon père nous emmène, mes frères et moi, à Chicago pour rencontrer Jordan, on passe en voiture devant un play-ground avec des jeunes en train de jouer. On leur demande si on peut faire un petit match contre eux. On voulait se tester. Tu as toujours cette image des Américains qui sont trop forts. Je voulais voir ! J'ai toujours eu ce truc de jouer, de défier, de tester. Un jour, j'étais avec Ronny Turiaf chez Jamie Foxx, l'acteur. Il a un terrain de basket chez lui et ses potes commencent à chambrer :

— Ouais, la NBA, ce n'est pas comme nous, les joueurs de play-ground. Nous, c'est du vrai basket !

— Bah ! venez, on va vous montrer, avec Ronny, ce que c'est que la NBA !

On commence à jouer, ça commence un peu à chauffer, à mettre des coups. Ronny, lui, va s'asseoir parce qu'il ne veut pas risquer de se blesser. Moi, j'insiste :

— Allez viens, il faut jouer, leur montrer, ils parlent trop !

Plus je marquais de paniers, plus Jamie les chauffait :

— Ça, c'est la NBA, ça, c'est la NBA !

J'ai toujours eu cet esprit de compétition. Même sur un jeu de société quand j'étais petit, il fallait que je gagne, je ne supportais pas de perdre et je pouvais aller jusqu'à m'embrouiller. Bon, depuis que j'ai des enfants, je me suis calmé, je suis plus souple. Maintenant, si je perds, ce n'est pas grave et puis les enfants, parfois, il faut les laisser gagner !

On ne voulait pas de moi à l'INSEP

J'ai failli ne pas entrer à l'INSEP. On me dit que je suis trop petit, trop maigre, que je ne rentre pas dans leurs tailles standards, dans le moule du meneur type de l'époque. C'est mon parrain, Jean-Pierre Staelens, qui les appelle et qui pousse une colère : « Putain ! vous êtes fous, vous ne pouvez pas ne pas le prendre, il domine le championnat en minimes, c'est le meilleur joueur de sa génération et vous n'allez pas le prendre ? »

De mon côté, j'avais même signé au centre de formation de Cholet et on avait bu le champagne avec Jean-François Martin, le responsable du centre, et Jean Galle, le président de Cholet, pour fêter ça ! Mais on avait tout de même précisé que si l'INSEP appelait, j'irais à l'INSEP, car si, sur le principe, c'était la même chose qu'un centre de formation, avec la partie scolaire et la partie basket, à l'INSEP, le week-end, on jouait contre des adultes et ce challenge-là m'attirait.

Finalement, l'INSEP a appelé une semaine après. Cholet était très déçu. Ma mère, elle, elle voulait que j'aille à Cholet : « Tant pis pour eux, l'INSEP n'avait qu'à te prendre tout de suite. En plus, on a bu le champagne ! » Pour ma mère, c'était comme si on avait scellé l'accord… Mais mon père a fait pencher la balance en faveur de l'INSEP. Là-bas, au bout de trois ans, j'étais libre, sans contrat. Alors que dans un centre de formation, comme à Cholet, j'étais bloqué jusqu'à 24 ans à cette époque. Ma mère a finalement cédé et je suis allé à l'INSEP. Les meilleurs joueurs étaient à l'INSEP et pour moi, si les meilleurs étaient à l'INSEP, il fallait que j'y sois. Je voulais montrer que je faisais partie des meilleurs.

L'INSEP, c'est un grand changement, je quitte la maison, je quitte mes frères. Ce n'était pas facile. Mon petit frère, Pierre, a 11 ans, TJ en a 13. On est tout le temps ensemble. Ça fait bizarre. Malgré l'excitation, quand ma mère m'a emmené puis installé dans ma chambre, j'ai quand même eu un pincement au cœur à l'idée de ne plus les voir aussi souvent maintenant…

En chambre, je suis avec Mamoutou Diarra. Les « anciens » sont sympas avec moi. Diarra, David Gautier, Thomas Dubiez, tout le monde m'accueille à bras ouverts. J'ai adoré. Sur le campus, j'ai l'impression d'être dans une université américaine, tous les meilleurs sportifs de chaque sport sont là, c'est super comme ambiance ! Tu deviens un petit adulte, tu manges au réfectoire, tu fais ton linge, tu retrouves ta chambre, tu commences ta vie. Je venais d'atteindre la première étape. Le travail avait été bien fait avec mon père. J'étais déjà formaté pour atteindre mes objectifs. À l'INSEP, il y avait plein de tentations, mais rien ne pouvait m'arriver. C'était clair dans ma tête. Je n'étais plus très loin de la NBA.

J'ai vécu une première année comme dans un rêve, ça ne pouvait pas mieux se passer. Je progressais chaque jour et j'avais l'impression de m'affirmer de plus en plus. Mon corps commençait à être un peu adulte, je faisais de la muscu. J'adorais les voyages dans le bus, les jeux de carte. Et puis, on allait dans des villes assez improbables. À chaque fois, c'étaient des ambiances incroyables. Le match à Saint-Quentin, ça me restera à vie. On est en N1 et on joue dans une salle pleine, devant 3 500 personnes ! Fanfare, la folie. À Rodez pareil. On rigolait tout le temps, il y avait une super ambiance dans l'équipe. En plus, on gagne souvent, on bat le record de victoires, on joue bien. J'ai adoré ça.

Lors de ma deuxième année, comme j'étais le meilleur marqueur de la division, j'étais un peu l'Américain de l'équipe et chaque défense faisait tout pour m'arrêter. Dans la presse locale c'était : « L'INSEP arrive avec Tony Parker ! » Ça commençait, ça prenait de l'ampleur. Chaque match à l'extérieur, c'était plein. À domicile, en revanche, dans notre petite salle sombre, où il n'y avait même pas de tribunes, c'était un peu pourri ! Il y avait quelques parents qui venaient et terminé. Mais à l'extérieur, c'était trop bien. C'étaient des vrais matches ! Quand tu as 15, 16 ans, que le public te gueule dessus, c'est la vraie vie quoi !

Avec le premier article paru dans *Basket Hebdo* qui titrait « Signé Mister Parker », j'ai compris que les choses devenaient vraiment sérieuses. Ma première réaction a été : « Pas question de décevoir ! » À partir de là, à chaque fois que je jouerais un match, il fallait que les gens sachent qui était Tony Parker. Il était hors de question de les décevoir, qu'ils aient fait le voyage pour rien. C'était ça ma motivation. Pas de *game off*, il faut que je montre. Dans un coin de ma tête, je commence aussi à me dire qu'un *scout* (un recruteur) peut se trouver un jour ou l'autre dans la salle.

Les premiers que j'ai vus, c'était lors du championnat d'Europe Cadets en 1997. Un représentant de Clemson, une université américaine, vient m'apporter une lettre : « On te prend quoi qu'il arrive dans quatre ans. » Je m'en souviendrai toujours. C'était la première fois. Dennis Felton, l'assistant coach à Clemson, vient voir mon père et lui dit : « Ton fils est incroyable, on veut le prendre ! » Ils m'ont suivi pendant quatre ans. Plus tard, Georgia Tech et UCLA ont aussi voulu me prendre et j'ai vraiment hésité à y aller.

Le gang des trois

Durant ma deuxième année à l'INSEP, malgré la présence dans l'équipe de Boris Diaw et Ronny Turiaf qui vont devenir deux de mes meilleurs amis, je reste en chambre avec Mam Diarra. Boris et Ronny, je ne les connais pas mais le feeling passe tout de suite. On a le même âge, on est de la même génération. Boris est différent, super curieux, il s'intéresse à tout. Ronny, on le prend un peu sous notre aile. Il a un an de moins que nous et il a vraiment le mal du pays, la Martinique. On était le « gang des trois », tout le temps ensemble.

L'amitié, ça se fait naturellement. Tu ne peux pas choisir ta famille, mais tu peux choisir tes amis. On est complémentaires tous les trois. On est différents. Ces deux gars m'ont apporté une certaine stabilité. Souvent, plus jeune, quand je jouais au basket, je ne savais pas vraiment qui étaient mes alliés, je ne savais pas vraiment qui était avec moi. Il y avait une certaine jalousie. Quand Ronny et Bobo sont arrivés, que ça a cliqué, j'ai su tout de suite qu'ils seraient toujours avec moi, qu'ils me défendraient. Ils ne m'auraient jamais trahi. Ils ont encore renforcé la confiance que j'avais en moi. Avec eux à mes côtés, je n'ai plus jamais craint d'endosser ce rôle de leader. Il y a de l'amour de part et d'autre et ça nous a beaucoup aidés. C'est une amitié à vie. On peut ne pas se parler pendant deux, trois mois, mais dès qu'on va se téléphoner, c'est comme si on s'était parlé la veille. Ronny, il suffit que je l'appelle une fois :

— Ronny, est-ce que tu peux être là tel jour, c'est l'anniversaire d'un pote ?

— Pas de problème, j'y serai !

Boris, maintenant, il est sur son bateau. Un jour sur deux, il n'a pas de réseau ! Quand je vois « Boris » s'afficher sur mon téléphone, ça me surprend toujours. Un jour, j'ai décroché : « Allô, tu es malade, Boris, qu'est-ce qui se passe ? » En fait, il voulait m'annoncer avant que ça ne sorte dans les médias qu'il avait accepté le poste de président à Boulogne-Billancourt et il voulait mon avis. J'étais content qu'il vienne dans l'aventure. C'est un bon rôle pour lui et ce sera un bon appui pour moi quand il faudra aller dans les assemblées et prendre des décisions pour l'avenir du basket français. J'ai aussi envie de l'aider pour l'Euroligue. Il y a un deuxième club français qui va y venir et si ça peut être celui de Boris, ce serait génial.

Sur le terrain, durant cette deuxième année à l'INSEP, on gagne moins de matches. L'équipe a été très rajeunie, mais c'est quand même une super année. La N1 est aussi plus forte. Il n'y a plus de poules, toutes les équipes sont rassemblées dans un format de championnat classique. Mais avec Boris et Ronny, notre complémentarité est évidente aussi sur le terrain, comme elle l'est dans la vie. On se trouve les yeux fermés.

Après cette deuxième année, je ne me dis qu'une chose : « La NBA, ce n'est plus qu'une question de temps. » J'ai longtemps hésité à faire ma troisième année à l'INSEP, je me sentais tellement bien avec Ronny et Bobo. À l'époque, j'étais bien aussi dans ma vie privée. À l'INSEP, il y a toujours une journée, en début de saison, où tu peux rencontrer tous les nouveaux qui arrivent. Moi, j'étais parti voir le volley-ball parce qu'il y a toujours des filles sympas au volley ! Quand j'ai vu Lauriane, j'ai fait : « Ah ! elle est pas mal, il faudrait que j'essaie de la rencontrer... » Je suis allé lui parler et cela s'est fait comme ça.

Lauriane, c'est ma première vraie histoire. On est resté six ans et demi ensemble de 1998 à 2004. Lors de ma deuxième année à Paris, elle est venue vivre avec moi, elle m'a suivi ensuite à San Antonio et elle a vécu le premier titre NBA avec moi. Aujourd'hui, on a toujours de bonnes relations, on se parle toujours. J'aurais toujours une affection particulière pour elle. En plus, on ne s'est pas quittés parce que l'on s'est embrouillés ou quoi que ce soit. C'est juste que l'on s'est connus tellement jeunes, que l'on avait besoin à un moment de vivre autre chose. Comment peux-tu savoir ? elle était la première... Quand on s'est séparés, comme elle avait tout quitté pour venir vivre aux États-Unis avec moi, j'ai décidé de l'aider financièrement jusqu'à ce qu'elle se remette sur pied et qu'elle trouve un job. Je l'ai aidée pendant deux ans, appart, voiture... Pour moi, elle avait fait beaucoup, elle a été essentielle dans mon ascension en NBA. Elle était là tous les jours pour moi et c'était la moindre des choses de l'aider à mon tour jusqu'à ce qu'elle retrouve une situation stable. Aujourd'hui, elle est hôtesse de l'air pour

Air France, ce qu'elle avait toujours voulu faire, elle a sa famille, ses deux filles, tout va bien.

Pour toutes ces raisons, sachant que Lauriane restait une année de plus à l'INSEP, j'ai donc longtemps hésité à faire une troisième année là-bas. Pour moi, à ce moment-là, il n'y avait qu'une alternative : soit Paris, soit l'INSEP. Même si tous les clubs de Pro A me voulaient !

Mes débuts à Paris, le premier coup dur de ma carrière

J'ai 17 ans quand je signe mon premier contrat pro à Paris. C'est un choix bizarre, finalement, parce que j'y vais en sachant qu'il y a Laurent Sciarra, meneur international et titulaire indiscutable, devant moi. J'aurais pu privilégier un club où j'aurais été meneur titulaire direct. À Paris, je n'ai pas eu la même opportunité que Théo Maledon à l'ASVEL, par exemple, qui, à 17 ans, joue pleinement. Moi, je vais dans un club où il y a un déjà un meneur qui joue en équipe de France ! Mais j'ai fait cela parce que j'étais bien dans ma vie. J'ai plus fait un choix familial et affectif que sportif à ce moment-là.

La première année, je ne joue donc pas beaucoup, derrière Laurent Sciarra. Je suis un peu frustré, d'autant que cette saison-là, le club me retient pour la finale de la Coupe de France, où je ne joue pas, et m'empêche d'aller à Mannheim pour un mini-championnat du monde des joueurs de mon âge. Non seulement, on ne me fait pas jouer la finale de la Coupe de France mais en plus on m'empêche de me montrer aux *scouts* NBA ! Je suis dégoûté. Je veux vraiment partir. Je me dis que je vais aller en *college* (université américaine). Georgia Tech et UCLA, j'y pense vraiment.

Cette première année à Paris est difficile. C'est le premier coup dur dans ma carrière. J'étais persuadé que je pouvais jouer. Je savais que j'aurais pu faire une grosse saison à 17 ans. Mais la vie est une question d'opportunités. Parfois, il faut un peu de chance, être au bon endroit, au bon moment. Là, ce choix ne m'a pas offert les meilleures opportunités en basket, mais il m'a endurci. Ça m'a appris que tout n'est pas dû, que ça se mérite.

Pour autant, je n'allais jamais à l'entraînement en grognant, en colère ou frustré. Et puis Laurent Sciarra a fait une grosse saison cette année-là ! Il jouait du beau basket et j'ai appris en le regardant. J'ai pris certains trucs de son jeu. Bon, après, il gueulait parfois, mais ça, c'était Laurent ! C'est quelqu'un de très humain et pour qui j'ai beaucoup de respect. Il m'a aidé à me forger sur cette première année, il a nourri mon cerveau pour être fort mentalement. Et pourtant, on ne se parlait pas tant que cela. Il voulait garder son spot, c'est normal. Mais ce n'est pas comme s'il ne m'avait jamais parlé. Les gens ont essayé de nous monter l'un contre l'autre, surtout en 2001, quand on était à l'Euro ensemble. Mais Laurent a été exemplaire avec moi. Et puis, je me mets à la place du coach aussi, Didier Dobbels : tu as le meneur de l'équipe de France dans ton équipe, il fait une super saison, le petit, derrière, il a le temps et il va continuer à progresser. Certes, il n'était pas obligé de le faire jouer 38, 39 minutes par match, il aurait pu le faire jouer, quoi ? 30 minutes, et m'en donner un petit peu ! Mais je n'ai jamais eu la haine. Je me suis dit : « Mon heure va arriver, mais s'il garde Laurent la deuxième année en meneur titulaire, c'est clair que là, je vais partir. » Je ne voulais pas faire une deuxième année comme ça.

Le Nike Hoop Summit

Entre les deux saisons, il y a le Nike Hoop Summit à Indianapolis. Hors de question de rater ça ! Je préviens le club : « Quoi qu'il arrive, j'y vais ! Si vous voulez couper mon contrat, allez-y, j'y vais quand même ! »

J'en avais fait un rendez-vous super important. Toutes les franchises NBA sont là. C'est là que les Spurs vont me voir jouer pour la première fois. Il fallait que je leur montre ce que je valais. D'ailleurs, après ça, les premiers *scouts* NBA vont commencer à me suivre... Il y en aura tout au long de ma deuxième année à Paris, à chaque match à domicile.

Je voyage avec mon père, on passe du bon temps, on est aux États-Unis, à Indianapolis. Mon père est content d'y retourner. Ça parle anglais et, très vite, je suis comme un poisson dans l'eau.

Je me sens bien toute la semaine à l'entraînement et je sais que je vais faire un gros match. Je ne suis pas dans le cinq majeur, c'est Marko Popovic, le meneur croate, qui est devant moi, alors que je le « tuais » en compétition de jeunes. J'ai ce sentiment : « Ils vont voir ! Dès que je vais rentrer, le coach ne pourra plus me sortir du terrain. »

Quand il me lance, on est à -12 et on remonte, on remonte… Je joue tout le reste du match, je fais 20 points, 7 passes. On perd le match d'un point (98-97). À un moment donné, quand tu es bon, tu es bon. C'était mon destin. Toute la semaine, je sais que je fais le travail pour ça et que je suis prêt. Quand le match commence, je mets mes deux, trois premiers paniers, je suis bien, je suis dedans. Sur ces premières actions, je domine Chris Duhan, le meneur qui jouait à Duke à l'époque. Je l'attaque, je le défie direct. Agressif. Je ne perds pas de temps. Puis après, je fais la même chose sur Omar Cook. Là, je me dis que la soirée va être longue pour eux ! Après, tu es dans le match, tu oublies les *scouts* en tribunes, le contexte, tout ça. Tu veux juste gagner le match. Avant, tu y penses, oui, tu sais qu'ils sont là, qu'ils regardent, qu'ils examinent. Il faut se montrer mais de la bonne façon. Tu ne peux pas faire n'importe quoi. Parce que tu peux te louper et te rater très vite sur ce genre de match. Tu forces, tu rates tes cinq premiers tirs et c'est fini ! Mais c'est là aussi la différence entre les bons joueurs et les grands joueurs : savoir répondre « présent » sur les grands rendez-vous. Mes trois, quatre premières actions, je savais que je les mènerais au bout. J'étais tellement en confiance.

Deuxième année à Paris

En 2000, Ron Stewart devient coach à Paris. C'est lui qui reprend l'équipe pour ma deuxième année. Il a été le coach des Cardiac Kids de Levallois, une équipe de jeunes avec qui il a fait un job incroyable. Il vient voir mon père. Il a envie de faire la même chose qu'à Levallois et veut me mettre meneur titulaire de l'équipe. Il annonce : « Il fait une année ici et il part en NBA ! » Là, j'ai dit OK, on y va ! En plus, le club me donne une méga augmentation. J'étais au ras des pâquerettes et je deviens meneur titulaire, donc ils sont un peu obligés de m'augmenter.

Ce sont mes premiers pas dans le monde pro, alors que je ne suis même pas majeur. J'ai une voiture dans le garage… que je ne peux même pas conduire ! Je prenais le métro et le bus pour aller voir Lauriane à l'INSEP. J'étais logé à Boulogne, à deux minutes de la salle Pierre-de-Coubertin. Ce qui marque surtout, c'est que maintenant que je suis pro, il y a des objectifs, une obligation de résultats. À l'INSEP, il n'y avait pas de pression. Tu gagnes, tu perds, ce n'est pas grave. Là, il y a le président Charles Biétry qui déboule dans le vestiaire quand ça ne va pas. Tu as Laurent Sciarra qui met la pression. Mais on avait un bon groupe. Cyril Julian était trop gentil avec moi. Les

Américains, c'était Brian Howard, professionnel de malade, pas franchement déconneur, et Chris King qui faisait une grosse saison. Des bons mecs.

La deuxième année, c'est le grand saut. Je suis donc meneur titulaire, j'ai des responsabilités dans une équipe pro, la communication à gérer avec des joueurs plus âgés que moi. J'ai 18 ans, j'essaie d'être leader, mais ce n'est pas facile avec des pros qui sont là depuis longtemps. Cette situation a été compliquée pour moi durant les quatre, cinq premières années de ma carrière professionnelle. D'autant plus que j'ai un peu cette mentalité américaine, où les plus âgés sont ceux qui décident. Pas facile à appréhender quand tu es le « petit prodige qui monte » ! Mais bon, à Paris, si la situation était nouvelle, je n'ai pas eu vraiment de problème. L'équipe était jeune, Mamoutou Diarra me connaissait bien, Jean-Marc Kraidy était un peu foufou, il s'en foutait de tout ça, et j'avais un coach américain, Ron Stewart, qui m'avait installé dans ce poste et ces fonctions.

Une décision stratégique

Au final, sur cette deuxième année parisienne, on fait une bonne saison avec la bande de jeunes. On accroche les play-offs, on se fait sortir par l'ASVEL qui avait la grosse équipe. Je termine troisième au vote des MVP. J'ai 18 ans, c'est une bonne saison et dans mon esprit, à ce moment-là, l'idée est de faire ma troisième année à Paris, essayer de gagner le titre de MVP et partir après. Sauf que mon agent m'appelle et me dit non : « Tu mets ton nom à la draft NBA maintenant ! Tu vas être drafté au premier tour. »

Tout est stratégique en fait. Je me dis que si je mets effectivement mon nom maintenant, je vais être drafté fin de premier tour. Donc drafté par une bonne équipe, car le système de la draft aux États-Unis permet aux équipes les moins bien classées la saison précédente d'avoir les premiers choix. À l'époque, ces équipes préfèrent jouer la sécurité et choisir des joueurs sortis des universités américaines (NCAA) plutôt qu'un meneur européen. Alors que si j'attends encore un an, que je suis par exemple MVP du championnat de France, je vais être drafté très haut et me retrouver dans une mauvaise équipe. Avec mon père, on avait étudié tout cela. Donc j'ai vraiment fait le choix d'être drafté fin de premier tour. Ce n'était pas du tout dans mes objectifs d'être drafté haut, pas du tout ! Regarde Franck Ntilikina, il a été drafté huitième, c'est le plus haut Français drafté en NBA et regarde dans quelle équipe il est ! Moi, je ne voulais pas ça. Être drafté fin de premier tour, dans une bonne équipe, tu as un an, au max deux, pour faire ta place, comme ce que j'ai fait à Paris, derrière Sciarra. La stratégie, c'était de se faire drafter par une bonne équipe. Je ne voulais vraiment pas aller dans une mauvaise. Je connais bien l'histoire de la NBA, je sais comment ça marche quand tu es choisi haut. Ça peut prendre quatre ans avant d'être transféré dans une bonne équipe.

Pas de ça pour moi ! Je joue au basket pour gagner des titres et je n'avais pas envie de perdre quatre ou cinq ans !

C'est pour cela que, quand j'ai été choisi par San Antonio à la 28e position, j'étais trop content. D'une part, je savais que je tombais dans une bonne équipe, et d'autre part, qui n'avait pas de meneur de jeu. C'était parfait pour moi ! Mais je savais aussi que je n'aurais qu'une seule chance. Ça passe ou ça casse. Parce que c'est ça, le truc : dans une bonne équipe, on ne te laisse pas le temps de te développer, de progresser. Dans une mauvaise, on te laisse trois, quatre ans. De toute façon, l'équipe est mauvaise, il faut donc que tu joues. Alors que dans une bonne équipe, si tu ne joues pas bien dès la première année, tu risques d'être transféré. Je connaissais le deal, j'étais conscient de ça. Il fallait être bon tout de suite. Avec mon agent de l'époque, Mark Fleisher, on avait coché les plus et les moins de chaque situation et on a décidé d'y aller tout de suite.

De toute façon, le Nike Hoop Summit, un an plus tôt, avait révélé que je pouvais jouer en NBA.

Avant la draft elle-même, j'ai dû satisfaire à toute une série de workouts dans les clubs potentiellement intéressés par mon recrutement : à Seattle, qui cherchait un remplaçant à Gary Payton, à Boston qui me voulait vraiment et m'a même fait faire un workout la veille de la draft, à Orlando où le coach, Doc Rivers, avait bien accroché sur moi ou à Golden State, par exemple. Ces séances d'entraînement, ça dure au moins deux heures.

Tu fais toutes les sortes de tirs, en mouvement, arrêté, puis tu enchaînes avec des un-contre-un, des deux-contre-deux. Le staff de la franchise est là, au complet souvent. Il regarde tout, ta défense aussi. Après, ils te font faire plein de tests de muscu. Moi, cette année 2001, j'ai fait onze workouts pour dix équipes différentes ! C'est énorme. Mais à l'époque, les Européens, on n'avait pas la cote, surtout les meneurs. Du 10 au 25 juin, j'ai voyagé dans tous les États-Unis pour faire ces entraînements. Tu es devant les coaches, les GM, les propriétaires. Tu fais ta séance le matin, tu as ensuite un petit peu de temps pour visiter la ville et tu reprends un avion à 17 heures rejoindre la prochaine ville pour la session d'entraînement suivante. Il faut te faire connaître ! En plus du travail basket, les Spurs m'ont même fait passer un test psychologique. Il y avait plein de questions, plein de situations étaient présentées. Ils voulaient savoir comment je réagirais face à telle ou telle situation. Très peu de questions de basket, plutôt des thèmes sur la vie en général, la concurrence, la jalousie, etc. Ça leur donnait un profil et un caractère et ils pouvaient voir si ça leur correspondait ou non. Je n'ai jamais demandé les résultats, mais ça devait être positif... vu qu'ils m'ont pris !

Drafté !

Il y avait eu pourtant beaucoup de doutes chez les Spurs à mon sujet. La première fois que « Pop » me voit en juin 2001, c'est à Chicago. Je descends de l'avion et je vais directement faire mon workout à la salle. Je suis fatigué, un peu cassé par le voyage. Ça ne se passe pas très bien. Popovich n'aime pas du tout ce que je montre et ne veut même pas me revoir ! Heureusement, RC Buford, le manager général des San Antonio Spurs, insiste : « Pop, il faut vraiment que tu le revoies, il descendait de l'avion, il est en train de tout tuer ! » Avant ce workout, je cassais tous les autres où je passais. J'avais battu le record de vitesse d'Iverson à Philadelphie, je commençais à faire du bruit. Pop se laisse convaincre et dit OK pour me voir une deuxième fois. Mon deuxième workout a lieu à San Antonio. À la fin, le discours de Pop n'est plus du tout le même : « On ne l'aura jamais en 28, il sera drafté avant, dans le Top 15 ! » San Antonio a le cinquième bilan la saison précédente et donc un choix de draft en fin de premier tour. Mais il me dit : « Si tu es là en 28, on te prend sûr et certain ! » C'est clair qu'à ce moment-là, je voulais aller à San Antonio, mais je craignais vraiment que Boston me prenne avant, en 21e position. Je n'avais pas trop envie d'aller à Boston, l'équipe n'était pas très forte.

Je monte dans la voiture, je vais visiter un peu la ville avant de retourner à l'aéroport. J'appelle mon père : « Papa, j'aimerais bien jouer à San Antonio.

Je ne sais pas pourquoi, j'adore l'atmosphère ici, la ville est sympa, j'ai repéré un ensemble d'appartements, je pense que je pourrais habiter là ! » C'était à une semaine de la draft. Sincèrement, je pensais, comme Pop, que Boston me choisirait plus tôt, en 21e position. Les Celtics m'avaient même fait faire un workout privé, tout seul, quelques jours avant la draft et m'avaient assuré qu'ils me prendraient en 21. Mais à l'époque, il n'y avait pas de meneurs européens en NBA, les franchises n'osaient pas tenter ce pari. Je suis effectivement descendu jusqu'en 28 et les Spurs m'ont pris.

Cette draft aura été une drôle d'histoire. Le soir de la cérémonie, j'étais dans les tribunes, avec mon père et mon agent. Chaque choix s'effectue en cinq minutes. Quand l'horloge des cinq minutes démarre avant l'annonce du 21e choix, Crissie, une dame qui travaillait pour la NBA, vient me voir, en me tendant la casquette des Celtics ! Elle me dit : « Tony, Boston va te prendre, commence à descendre. » Je commence donc à descendre vers la scène, avec la casquette des Celtics dans la main et à 2'45" de l'annonce, elle me dit : « Ah ! Tony, excuse-moi, Boston a changé d'avis, tu peux remonter ! » Ce que j'ai su après, c'est que le coach et le GM de Boston me voulaient, mais le propriétaire des Celtics a pris peur : « Pas de meneur européen, c'est trop risqué ! » Et ils ont pris Joe Forte, qui jouait à North Carolina en université, à ma place.

Je suis donc retourné m'asseoir et les Spurs ont réussi à m'avoir en 28e position ! Sans rien faire, alors qu'ils essayaient depuis une heure de monter des échanges de joueurs et de futurs tours de draft avec d'autres équipes qui avaient un choix de draft avant eux pour pouvoir me récupérer quand même, au cas où j'aurais été choisi avant ! Pop m'a raconté qu'ils ont fait une fête de dingue, tellement ils étaient contents de m'avoir. L'une des plus grosses fêtes depuis le choix de Tim Duncan en 1997 ! Quand j'ai eu Pop au téléphone, quelques minutes, après le choix, je lui ai simplement dit : « On va montrer à tous les autres qu'ils ont fait une erreur en ne me prenant pas. »

Au tribunal le jour du 11 Septembre 2001

Avant de partir en NBA, je dois toutefois me colleter un épisode pas très sympa au tribunal. Louis Nicollin, le patron du club de foot de Montpellier et gros entrepreneur français dans le traitement des déchets, a racheté le club. Il souhaite une indemnité de transfert énorme alors qu'il obtenait déjà une somme conséquente. Gregg Popovich est présent. Au procès de ce petit Français de 19 ans qu'il vient de recruter et qui n'a même pas encore joué pour lui ! Alors qu'on est dans le tribunal, le procès est interrompu par l'annonce de ce qu'il vient de se passer à New York. C'est *nine-eleven*, le 11 septembre ! On a vu alors à la télé, en direct, le deuxième avion qui fracasse la tour. J'ai réussi quand même à prendre le dernier avion pour rentrer à Paris, avant qu'on ne ferme les aéroports. Pop, lui, est resté bloqué une semaine à Londres ! Un peu plus tard, le verdict est tombé. Je suis autorisé à partir sans que Paris récupère plus d'argent.

UN FRENCHY EN NBA

Quand je suis choisi par les Spurs, j'ai un peu l'impression qu'on se connaît déjà. J'ai fait deux workouts avec eux, on a fait un petit lunch ensemble et on a pas mal discuté. Après la draft, je fais la Summer League à Salt Lake City. Sur place il n'y a que Mike Brown, l'assistant coach. Pop, lui, n'est pas venu. C'est le premier match, on arrive, on s'échauffe et – je m'en souviendrai toujours – je vais voir Mike Brown :

— Mike, pourquoi Pop n'est pas là dans les tribunes ?

— Il est occupé.

J'avoue que je suis vexé. Je suis le futur meneur de son équipe et le coach ne vient même pas me voir jouer sur ma première Ligue d'été ! Je me dis alors que je vais tout casser sur ce premier match !

Je mets 29 points, je fais 8 passes. Plus tard, Mike Brown me racontera qu'après ce match, il a appelé Pop tout de suite en lui disant : « On a trouvé notre meneur pour les quinze prochaines années, il faut absolument que tu viennes le voir jouer à Salt Lake ! » Et le jour du deuxième match, alors que l'on est en train de s'échauffer, qui je vois dans les tribunes ? Pop ! Je regarde Mike Brown en rigolant, satisfait, du style : « Ah il s'est décidé à venir quand même ! » Après le coup de fil de Mike, Pop est venu tout de suite et il a compris qu'il me ferait jouer direct, sans attendre une ou deux saisons que je sois prêt. Il fallait qu'il me voie jouer.

Toute la semaine, à Salt Lake, ça se passe bien, je termine meilleur meneur de la Summer League. Ensuite, j'arrive au *veteran camp*. Là, c'est autre chose ! C'est le lancement de la préparation de la saison. Je rencontre tous les anciens. C'est là que je vois Duncan pour la première fois. C'est impressionnant. Je suis dans le vestiaire, dans mon coin et je les vois tous arriver ! Je me dis : « Waouh ! quand même, c'est Tim Duncan, David Robinson ! Il va falloir être prêt, là. Ce n'est plus pareil, ce n'est plus le PSG. C'est la NBA maintenant ! »

C'est impressionnant. Évidemment, je fais comme si de rien n'était, mais je suis vraiment impressionné. David Robinson, c'est le joueur préféré de mon petit frère. Et d'un coup, je le revois, soulevant mon petit frère de terre quand il était venu en France avec le Nike Air Force Tour, quelques années plus tôt. On était petits, on se faufilait partout pour avoir des autographes. Il y avait Charles Barkley, Scottie Pippen et David Robinson ! Nous, on était là, avec de grands yeux, on les regardait jouer. Et je me retrouve maintenant assis dans le vestiaire avec David Robinson devant moi, en personne ! Dans le vestiaire, ils parlent entre eux. Moi, je ne dis rien, je regarde, j'écoute, j'apprends. C'est le début de ma première année.

Mais ensuite, dès qu'on arrive sur le parquet, que le ballon est en l'air, alors il y a jeu ! Et là, mon esprit de compétition reprend vite le dessus et je me fous de savoir qui ils y sont, finalement. À cet instant, je veux juste montrer que je peux jouer dans cette Ligue. Le plus important pour moi, sur cette première année, c'est de montrer à Pop et à Duncan que je mérite d'être là. Je connais les doutes de Duncan. Quand les Spurs m'ont drafté, il a dit : « Mais pourquoi on drafte un meneur européen ? On ne va pas gagner un titre avec un meneur européen ! »

Au début des années 2000, prendre un non-Américain à ce poste-là, quand tu as l'ambition de gagner des titres, c'est risqué. Et quand tu as une superstar dans ton équipe comme Duncan, que tu prends un meneur européen, c'est même super risqué ! Duncan, quand ils l'ont pris, ce n'était pas un risque, c'était le premier choix de la draft. Techniquement, je suis leur véritable premier projet. Même Manu Ginobili, quand il est arrivé à 25 ans, il avait déjà gagné l'Euroligue, c'était déjà un joueur bien accompli. Avec moi, il y avait tout à faire.

Je suis arrivé avec mon gros accent français, mais je parlais l'anglais couramment et je comprenais tout. Et ça a été un énorme avantage. En tant que meneur de jeu, pouvoir communiquer facilement avec le staff et les coéquipiers a accéléré le processus d'intégration. Mais à ce moment-là, moi, je ne réalise pas tout ça. Je ne me rends pas compte que les Spurs prennent un gros risque avec moi. Je me dis que, s'ils m'ont pris, c'est qu'ils ont vu que j'avais un talent et qu'ils allaient ensuite essayer de me modeler à leur façon. D'ailleurs, toute ma carrière, Pop va me parler de la différence entre John Stockton et moi. Lui, meneur académique, à un bout de la ligne et moi, meneur agressif, à l'autre. Et le but de Pop, tout au long de ma carrière, sera que je me rapproche du milieu de la ligne. Dès le premier jour d'entraînement, il m'a montré ça, en me disant : « Je sais très bien que je ne ferai jamais de toi un John Stockton, mais il faut que tu deviennes un meneur complet et que tu t'approches du milieu de cette ligne. » J'étais conscient qu'il fallait que je devienne un vrai meneur de jeu, un vrai meneur d'hommes. Qu'il n'y avait pas que les duels et battre son vis-à-vis, au basket.

San Antonio, ma ville

Quand je suis arrivé à San Antonio, je me suis senti bien tout de suite. L'air, l'atmosphère, c'était bizarre mais j'avais l'impression que j'étais fait pour jouer ici. C'est un sentiment assez étrange mais très réconfortant, que j'ai eu dès le début. Quand je suis arrivé, j'ai effectivement pris un appartement à l'endroit que j'avais repéré dans la ville lors du workout, dans le quartier du Quarry Market. J'y ai habité pendant un an. Et dès ma deuxième année, je me sentais tellement bien ici, que j'ai acheté une maison. C'était mon premier gros achat. Je l'avais achetée 700 000 dollars. Modeste par rapport à celle d'aujourd'hui, mais à l'époque, c'était une grosse dépense pour moi. Je suis resté là-bas jusqu'en 2007 et ensuite, j'ai acheté une autre maison, tout près d'où je vis aujourd'hui, pour pouvoir suivre les travaux de ma maison actuelle. Dès 2004, j'avais acheté un terrain et je m'étais dit que si je signais un gros contrat je ferais construire une maison dessus. En 2005, je signe mon gros contrat, 66 millions de dollars sur six ans. Fin 2006, les travaux commencent et en 2009, la maison est prête. Mais c'était un tel projet, que j'ai dû venir m'installer tout près pour suivre les travaux.

La première année, toute la saison régulière, Duncan ne m'a pas parlé ! Il m'examinait, pour voir comment j'étais, comment je réagissais. La culture des Spurs était déjà très forte. Ici, ce n'est pas pour tout le monde, il y a un moule et tous ne peuvent pas jouer aux Spurs. Pour Pop et Tim, la culture Spurs est très importante et les joueurs que l'on ramène au club doivent être capables de s'y inscrire. Juste avant moi, il y avait un grand meneur, Avery Johnson, qui venait de partir et qui avait marqué l'histoire de la franchise. Pas un grand meneur, genre All-Star. Mais pour San Antonio, c'était un grand meneur, c'est lui qui a mis le shoot pour gagner le premier titre en 1999 par exemple. Il y avait donc beaucoup d'aspirations et d'attentes autour du futur meneur. D'autant que c'est le meilleur pote de Duncan dans l'équipe à l'époque, Antonio Daniels, qui a été choisi pour tenir la place. Seul problème, ce n'est pas vraiment un meneur, c'est davantage un arrière-meneur.

Invité chez Duncan !

La saison débute. C'est assez mitigé. Puis un jour, en plein vol de retour de Portland pour aller jouer contre Orlando, Pop me demande de le rejoindre à l'arrière de l'avion :

— Je vais te mettre meneur titulaire.

— Vous l'avez dit à Duncan ? Il est OK avec cette décision-là ?

Je ne voulais pas créer des problèmes et des tensions avec Antonio Daniels, qui était son meilleur pote.

— Tu vas commencer ! Je n'ai pas envie de perdre de temps. Antonio Daniels n'est pas un meneur. Toi, tu vas être notre meneur dans le futur, autant commencer maintenant, ça ne sert à rien de perdre du temps. Je me fous de l'âge que tu as, je vais te coacher comme un mec de 30 ans. Tu vas te faire crier dessus, tu vas te faire insulter, mais on va te faire grandir plus vite que la normale. Tu es prêt à ça ? Tu es prêt à prendre toutes les critiques, la pression d'être le meneur titulaire d'une équipe qui veut jouer le titre ?

J'étais prêt.

J'ai 19 ans. Et voilà. J'appelle tout de suite mon père pour lui annoncer : « Je vais être titulaire demain, c'est ma chance. C'est ma chance d'être titulaire pendant longtemps derrière, il ne faut pas se louper ! »

Le lendemain matin, avant l'entraînement, Pop l'annonce à tout le monde par : « Ce soir, c'est Tony qui commence. » Et j'ai changé mon maillot gris d'entraînement pour le noir, la couleur des titulaires. Ça s'est fait comme ça, naturellement, sans rien de plus. À ce moment-là, je me suis seulement dit que si j'arrivais à garder ce poste toute la saison, ce serait trop bien ! Je ne sais pas que ça va durer plus de quinze ans !

Ce premier match comme titulaire, contre Orlando – Grant Hill, Tracy McGrady, la grosse équipe à l'époque – je suis prêt, je me sens bien. Je fais 12 points, 7 passes et on gagne. Je suis à l'aise. J'ai l'impression que tout cela est normal, finalement. Pour mon deuxième match comme titulaire, face à Charlotte et le meneur All-Star en face, Baron Davis, je mets 25 points ! Et là, c'est parti…

Mais bon, Duncan ne m'adresse pas pour autant la parole. Il ne me l'a pas adressée de toute l'année. Je n'ai pas fait un lunch, pas un dîner avec lui. Il m'examinait vraiment. Il a vu tellement de joueurs passer qu'il s'est peut-être dit : « Ce meneur européen, il va rester un an ou deux, on va le transférer et ce sera terminé. » Quand on arrive en play-offs, que les matches deviennent super tendus et importants, il va enfin m'adresser la parole. Rien d'exceptionnel. Juste pour passer une simple consigne sur le terrain. Rien en dehors du basket ! Mais il voit que je joue bien, que sur la série contre Seattle, je suis chaud et là il doit se dire : « Bon, il est peut-être temps de lui parler, au petit, parce que, finalement, il pourrait bien rester plus longtemps que prévu ! »

Derrière cette saison, l'été qui suit, il m'a invité chez lui. La première fois que tu vas chez les Duncan, tu t'en rappelles toute ta vie. On s'est posés, on a commencé à parler et je crois qu'il avait alors décidé d'apprendre à me connaître, en fait.

Mon premier match NBA

Mon premier match NBA, évidemment, je m'en souviendrai toute ma vie. C'était contre les Clippers, je mets 9 points. Je suis au bout du banc. Et au bout de cinq minutes, Pop m'appelle pour me faire entrer. Je suis super étonné. Antonio Daniels fait des conneries et Pop se lève et crie : « Tony ! » Je me dis : « Ah ! oui, quand même, déjà ! » Je ne m'attendais pas à rentrer avant le deuxième quart-temps, pas aussi tôt. Sur la première action, Duncan est pris par deux défenseurs, il ressort la balle sur moi, je prends mon premier tir en carrière NBA, à 3 points et je le mets ! Ça me fait sourire aujourd'hui quand je pense que mon premier panier en NBA est un tir à 3 points. Mais je pense que ça résume finalement bien ma carrière. Peu importe ce que j'aurais dû faire, je pense que j'aurais trouvé une solution. Si on regarde mon parcours, à part ma rapidité, tout le reste, je n'étais pas le meilleur en fait. Mais, même si je n'étais pas grand, pas costaud, pas le prototype du meneur parfait, pas le meilleur shooteur, dans les moments décisifs, quand il fallait mettre le shoot, quand il fallait faire le truc, j'étais là. Au moment où il fallait être bon, je n'ai jamais eu peur. J'étais prêt pour les grands moments. À part, peut-être, l'Euro 2015 avec l'équipe de France, où je n'ai pas joué à mon standing. Mais j'avais 33 ans, une blessure à l'épaule, ça commençait à être la fin de ma carrière. Mais avant cela, depuis tout jeune, tous les matches importants, j'ai été là.

Avant ce premier match NBA, toute la journée, je suis excité. Je n'ai pas réussi à dormir, je n'ai pas fait de sieste. J'étais excité, mais je me sentais prêt. Un peu comme avant le Hoop Summit. Aux États-Unis, les Américains accordent énormément d'importance aux premières impressions. Tu n'as bien souvent qu'une seule chance de laisser une bonne impression. Chaque premier moment est fondamental. Et quand tu joues bien ce moment-là, même si derrière tu loupes quelques matches, ils se disent, ce n'est pas grave, il va être là…

C'est mon premier match NBA, je réalise enfin mon rêve. J'appelle des potes, je parle avec Gaëtan Muller, mes frères, mon père. Pas trop de monde non plus. Mais je ne reste pas seul pour vivre ça, j'ai besoin de partager ce moment. Et quand Pop me lance, je sais que je suis prêt. Je ne suis pas impressionné par la salle du Staples Center non plus. J'avais déjà joué dans la salle d'Indiana au Nike Hoop Summit, je savais ce qu'était une salle NBA.

En fait, les seules fois où j'ai été vraiment impressionné cette saison-là, c'est quand j'ai rencontré mes coéquipiers à l'entraînement pour la première fois et quand j'ai joué contre Michael Jordan. Il était aux Washington Wizards à l'époque. Je m'en souviens d'autant mieux que je suis blessé lors de ce qui aurait dû être notre première confrontation ! Le deuxième match a lieu à San Antonio. Je suis super content, mais impressionné aussi. Soudain je me retrouve contre lui, mon idole de toujours. Durant tout l'échauffement, je le regarde. Et quand le match commence, je suis sur le terrain, mais je continue à le regarder. Jusqu'au moment où je me dis : « Bon, le match a commencé, il faut jouer, là, quand même ! » À la fin, je termine meilleur marqueur, je mets 23 points et je suis heureux d'avoir bien joué contre Jordan. Finalement, sur les deux saisons où on se sera rencontrés en NBA, je n'aurai joué que deux matches sur les quatre possibles contre lui.

Je me prends le rookie wall

Durant cette année, je connais aussi le fameux rookie wall, le gros coup de moins bien des débutants en janvier-février. Là, j'ai du mal à enchaîner les matches, je suis fatigué. Mon petit corps souffre et je me dis qu'il va falloir quand même que je fasse un peu de muscu ! J'étais à 74 kg, tout frêle. Je m'y suis vraiment mis et je suis arrivé à 82 kg, poids que j'ai conservé toute ma carrière. J'ai pris presque 10 kg, mais c'était indispensable. J'étais fatigué, je prenais des coups et c'était dur. D'autant que la deuxième saison, il faut confirmer.

Dans l'histoire de la NBA, il y a eu tellement de joueurs qui ont fait une bonne première saison et qui ont raté leur deuxième année. Moi, je voulais montrer une progression. Je fais une grosse deuxième saison, je joue bien, on gagne le titre…

Dès mes premiers entraînements en NBA, Gregg Popovich est très dur avec moi. « *Fuck, what's the fuck, get your head out of your ass !* » (Putain ! c'est quoi ce bordel, sors-toi la tête du cul !) Il disait beaucoup de *fuck* et des trucs de malade ! Ce n'était pas évident à gérer, ça n'avait rien à voir avec mes coaches d'avant. Mais en même temps, j'ai vécu dans une famille où le père était respecté, très dur. Pour moi, c'était normal. Je n'ai jamais eu de problème avec l'autorité. Je ne bronche pas. Au contraire, j'ai envie de réagir, de lui montrer sur le terrain. Il y a des joueurs qui sont faits pour ça, d'autres pas. Beaucoup de joueurs me disent qu'ils ne pourraient pas jouer pour un coach qui les insulte. Moi, ça ne m'a pas dérangé, j'ai toujours considéré qu'il faisait ça pour le bien de l'équipe. Et si parfois je pensais qu'il avait tort, le lendemain, on en discutait. Il a toujours été très ouvert à la discussion.

Tout de même, lors de ma saison de rookie, j'avais parfois les larmes aux yeux sous la douche après l'entraînement. Je me disais : « Je ne vais jamais le satisfaire ce coach-là, il ne sera jamais content ! » Il ne faisait que me pousser, me pousser pour voir mes limites. Mais il n'y a jamais eu de limites… J'ai encaissé toute ma carrière. Je n'ai jamais craqué devant lui ou devant l'équipe. Mais je rentrais chez moi parfois plus qu'abattu en me demandant si j'avais vraiment envie de continuer à jouer pour ce coach-là.

Je ne me suis jamais engueulé frontalement avec lui, je ne lui ai jamais répondu sur le même ton que lui. Jamais. Ça ne m'a même jamais démangé. Pour moi, l'autorité, c'était le coach et c'était comme ça. Ce que je faisais, c'est que j'encaissais devant l'équipe et le lendemain, j'allais lui parler dans son bureau. Mais pour qu'il garde son autorité, pour le bien de l'équipe, je n'ai jamais réagi à chaud, devant tout le monde. Et le lendemain, dans son bureau, je ne lui disais jamais : « Tu as été trop dur avec moi. » Je lui disais que je n'étais pas d'accord avec lui sur tel ou tel point. Parfois, je quittais le bureau et on n'était toujours pas d'accord, mais on continuait à avancer ensemble pour le bien de l'équipe. C'était notre relation.

Le coaching de Pop

Pop m'a beaucoup aidé, c'est sûr. C'est toujours difficile de dire ce qu'aurait été ma carrière avec un autre coach. Je pense que j'aurais quand même eu une grande carrière. Sûrement qu'il m'a aidé à me surpasser à certains moments. Je pense que l'on s'est aidés, que l'on s'est poussés mutuellement. J'avais une telle force, une telle envie de réussir que rien ne pouvait m'en empêcher. J'aurais continué d'avancer. Il était beaucoup plus dur avec moi qu'avec les autres, je le voyais bien. Peut-être parce que j'étais le meneur de jeu et qu'il savait que je pouvais l'encaisser. Il a essayé avec d'autres joueurs, comme Beno Udrih ou Hidayet Turkoglu par exemple, mais ça n'a pas du tout marché. Ça a même eu l'effet inverse : ils n'arrivaient plus à jouer et le club a dû les transférer ! Avec Tim Duncan et Manu Ginobili, il a été rude aussi, mais pas à ce degré-là. Avec moi, ça frôlait l'abus parfois. Une fois, on était en vidéo, il me gueulait dessus et il insistait pour que je réponde. En fait, il attendait l'affrontement. Et moi je ne répondais pas, je le regardais. Et là, il me dégage de la vidéo : « Sors de la pièce ! » Tout ça parce que je ne disais rien. Tim se lève et prend ma défense : « C'est bon maintenant, Pop, ça va trop loin ! » Pop fait alors sortir tout le monde de la salle, sauf Tim, Manu et moi, pour qu'on discute. Il nous explique : « On ne peut pas laisser passer cette opportunité de gagner. C'est plus fort que moi, Tony, il faut que tu sois prêt, c'est pour ça que je suis dur avec toi. »

C'est là où Pop est très fort. Quand il est dans le basket, il est dans son truc. Mais en dehors, quand on est en déplacement, dans l'avion par exemple, il va m'appeler pour qu'on choisisse le vin ensemble. Quand on est allés à Paris avec les Spurs, on a réservé les restos ensemble, il m'a demandé mon avis sur le programme d'entraînement, si je voulais qu'on s'entraîne au PSG et à l'INSEP. En dehors du basket, humainement, c'est quelqu'un de très curieux, très cultivé et qui s'intéresse à plein de choses. Il est super agréable. Mais après, sur le terrain, il était intense. Tout le monde ne peut pas jouer pour lui. Il voulait la perfection, en sachant que c'est impossible d'être parfait.

Mentalement, parfois, j'avais des hauts et des bas, ce n'était pas facile. Certains jours, je me disais : « Mais qu'est-ce que tu veux que je fasse d'autre ? Je viens de mettre 25 points, 12 passes et ce n'est pas assez ! » Et quand il me félicitait après un match, c'était *« good job »*, rien de plus ! Du coup, très vite, j'ai été aussi dans ce mode-là. Quand j'enchaînais 30, 35, 37 points, je disais : « Oui, c'est une bonne victoire, mais maintenant, il faut qu'on se concentre sur le prochain match ! » C'était normal, c'était mon job.

Elles sont rares, les fois où j'ai été content à la sortie d'un match : après les victoires qui nous ont offert les titres de champion, après le titre de MVP de la finale, et toutes les fois où j'ai été annoncé All-Star. Là, c'était une vraie reconnaissance, je faisais partie des meilleurs joueurs du monde. Bon ! OK, quand je mets 55 points à Minnesota, le 5 novembre 2008, je suis quand même un peu content, c'est vrai ! Ce n'est pas tous les jours que tu mets plus de cinquante points sur un match !

J'ai quand même eu un petit sourire. Mais je ne l'ai fait qu'une fois dans ma carrière. D'ailleurs, à la fin du match, j'ai même un peu chambré Tim. Son top score à lui, c'était 53 points et je lui disais que j'avais juste voulu battre son score !

Aujourd'hui que Tim, Manu et moi ne sommes plus là, je pense que Pop ne prend plus le même plaisir. La relation que l'on a créée ensemble est unique. Il va toujours essayer d'inventer autre chose parce que Pop a besoin de sentir cette relation humaine avec ses joueurs, mais ce qu'il a bâti avec Tim, Manu et moi, jamais de la vie il ne pourra le revivre.

Quand j'étais à Charlotte, il m'appelait régulièrement, il me disait que je lui manquais. Ça fait chaud au cœur. Il t'appelle depuis le restaurant et il te dit qu'on n'est pas avec lui pour discuter. Ça fait bizarre. Tu fais du sport pour vivre une aventure humaine aussi. Tu passes plus de temps avec tes coéquipiers et ton coach qu'avec ta famille. On avait vraiment une relation spéciale et entre le coach et le meneur de jeu, c'est déjà, à la base, toujours un peu spécial. C'est moi qui prenais tout. Un jour, j'étais dans le vestiaire et je lui demande :

— Pop, pourquoi tu me mets toujours à cette place (au milieu du vestiaire, face au mur d'entrée). Je ne peux pas me mettre sur le côté une saison ?

— Non, non ! Toi, je te veux devant moi. Comme ça quand je gueule, je te vois !

À San Antonio, c'est Pop qui définissait les places dans le vestiaire et il voulait que je sois devant. De sa façon de manager, j'avoue que j'ai pris certains trucs aujourd'hui qui me servent dans la direction de l'ASVEL. Mais je ne prendrai pas tout. Je pense aussi qu'aujourd'hui Pop ne pourrait plus coacher comme ça. Avec la sensibilité d'aujourd'hui, les réseaux sociaux qui amplifient dès que tu dis un truc, il ne pourrait pas. Il a eu une chance incroyable de tomber d'abord sur un type comme Tim, qui n'a jamais bronché, n'a jamais répondu, jamais rien dit. Manu et moi pareil. À Charlotte, quand JB[1] gueulait un tout petit peu et que les joueurs s'en plaignaient en disant que « c'était abusé » la façon dont il criait, je leur répondais : « Mais vous n'avez aucune idée de ce que c'est, quand c'est abusé. Il ne vous a même pas insultés, il n'a même pas dit un gros mot ! » JB, il était là à San Antonio, il a été assistant coach de Pop, responsable de la vidéo. Il a connu ça. Même lui se faisait défoncer. Dès qu'il y avait une seconde de retard sur la séquence, sur le montage, il s'en prenait une ! Pop le regardait : « Bon, il va falloir que je prenne un nouveau vidéo coach. Tu es trop lent ! » Mais s'il était dur, il avait toujours cette capacité à te donner de l'amour aussi. Franchement, il était fort.

---

1. James Borrego, le coach (*N.d.E*)

Changement de statut

Au début de ma carrière, il y a encore un moment où je les regarde toujours comme mes idoles. C'est à l'échauffement. Là, je les regarde, les Jordan, Bryant, O'Neal, Pippen. Ils sont sur le parquet et moi je suis là, à quelques mètres d'eux. Je suis avec les joueurs que je voyais à 3 heures du matin en France quand j'étais petit, les joueurs qui m'ont fait rêver. Mais après, dès que le match commence, je n'ai qu'une envie, c'est de leur prouver que je mérite d'être en NBA. Il y a une chose qui me motive par-dessus tout la première année, c'est de gagner le respect de mes coéquipiers, celui de Pop, et de montrer aux autres que je peux jouer en NBA !

Je sens bien que je vis beaucoup de choses en accéléré mais je ne réalise vraiment que tout va si vite que lorsque je rentre en France après ma première saison.

Je vois que j'ai changé de statut. Je me souviens de mon premier camp de basket à la Défense. On avait fait un méga truc, le Nike Battleground. C'était noir de monde ! Pour la première fois, je me suis rendu compte de l'impact que j'avais eu et que je pourrais avoir sur la prochaine génération. Il y avait tellement de monde ! On avait mis quatre, cinq terrains. Après, on avait fait un match de gala, avec Yannick Noah, Marie-Jo Pérec, Bruce Bowen, Éric et Ramzy, Gad Elmaleh et bien d'autres célébrités. C'était incroyable. Les gens étaient connectés en fait. Mes amis me disaient que la première chose qu'ils faisaient désormais quand ils se levaient, c'était de regarder leur téléphone pour voir les highlights NBA. Ce décalage et le fait de réussir si loin de la France ont sans doute fasciné beaucoup de gens. Moi, je ne m'en rendais pas compte. J'étais loin de tout ça. Mais chaque fois que je rentrais en France, ça prenait de plus en plus d'ampleur. La NBA, c'est une machine de guerre. Beaucoup de gens en France m'ont dit que je leur avais redonné envie de regarder la NBA depuis que Jordan avait pris sa retraite. Et ça, c'est un des plus beaux compliments que je pouvais recevoir.

J'ai été un pionnier quelque part. Bien sûr, il y a eu des Français avant moi, Tariq Abdul-Wahad et Jérôme Moïso, mais ils n'ont pas eu autant d'impact. Il faut reconnaître sans les offenser qu'ils n'ont pas marqué la NBA. Moi, dès ma première saison, je deviens titulaire, j'ai 19 ans, je joue pour l'une des meilleures équipes ! Je suis sûr que si tu demandes à des gens qui ne connaissent pas trop le basket, qui fut le premier joueur Français en NBA, ils vont dire que c'est moi ! En réalité, je ne suis que le troisième. Bon, après, j'ai été le premier pour d'autres choses ! Tout est allé tellement vite pour moi, je pense que c'est cela qui a surpris les gens. Un an et demi avant, je n'étais même pas titulaire en Pro A ! Mais le plus incroyable, c'est que je n'ai même pas l'impression d'exploser.

Titulaire au bout de cinq matches, plus jeune meneur de l'histoire dans un cinq de départ en NBA, 25 points marqués à mon sixième match…

je sais que je suis en train de faire quelque chose qui n'est pas commun. Mais je bascule vite dans le match du lendemain. Tout s'enchaîne très vite. Ce n'est que l'été, quand je rentre en France, que j'en mesure les effets.

Les petits bonheurs de la NBA

Ce qui m'impressionne, c'est la grosse machine des franchises NBA. La prise en charge, les déplacements. Quand je débarque à San Antonio, je n'ai que 19 ans, je n'ai qu'une année de pro véritablement, à Paris, dans mon petit appart, avec ma petite Renault Scenic dans le garage. Et tu arrives là, on te dit : « Tu peux acheter la voiture que tu veux, tu peux prendre la maison que tu veux ! » L'avion part à 14 heures, tu ne fais que monter dedans, c'est impressionnant. La première fois, je me dis « c'est un rêve ! » Dans l'avion, je suis allongé complètement. Lors de mon premier voyage depuis la France, j'ai voyagé en économique. Je n'allais pas mettre 6 000 euros dans un billet business ! Et une semaine après, pour un simple match amical, on a voyagé en avion privé. À la fin de ma première année, quand je suis rentré en France, j'avoue que je suis rentré en business !

Dans l'avion privé des Spurs, les places sont attribuées. Ma première année, j'étais à côté de Mark Bryant. Il était trop gentil. Avant, j'avais l'habitude de tout porter, mon sac, mes affaires...

Là, tu ne portes rien ! Ils s'occupent de tout, jusqu'à la trousse de toilette. Ils te demandent tes préférences et ils achètent tout, les crèmes, les savons, etc. Ensuite, ils mettent une étiquette avec ton numéro de maillot sur les produits correspondants. Avant un match à l'extérieur, quand tu arrives à l'aéroport avec ta voiture, tu donnes ton sac, un gars le récupère et toi tu montes juste dans l'avion. À l'arrivée, tu descends de l'avion, tu montes dans le bus qui est directement sur le tarmac, tu vas à l'hôtel, tu prends ta chambre et vingt minutes après, on toque à ta porte et on te livre ton sac. C'est une organisation de malade ! À 19 ans, quand tu découvres ça, tu es comme un gamin ! Et j'ai vraiment essayé de garder cette fraîcheur toute ma carrière. Aujourd'hui, à chaque fois que je monte dans un avion privé, c'est le même plaisir. Je suis trop content et toujours très reconnaissant d'avoir le privilège de connaître ça. Jamais de la vie, je ne serai blasé de ça. C'est incroyable la vie qu'on a en NBA ! C'est tellement important de garder les pieds sur terre. La plupart de mes amis mènent une vie normale et grâce à eux, à nos discussions, j'ai pu garder cette fraîcheur, je n'ai jamais été blasé. Je n'ai pas eu de vertige, j'ai simplement été reconnaissant. Quand tu as grandi avec pas grand-chose, le simple fait de déplier la carte du room-service, de choisir ce que tu vas manger et entendre le gars qui frappe à ta porte pour t'apporter à manger, à chaque fois, c'est incroyable ! Ce sont des petites choses dans une vie de basketteur professionnel en NBA, mais grâce aussi à ces petites choses, j'ai eu le sourire toute ma carrière. Le jour où je suis blasé de ça, où je pars en dépression, où je n'arrive pas à être heureux avec la vie que j'ai, c'est vraiment qu'il y a un problème. Ce n'est pas possible.

Ma jeunesse me rattrape

Pour mon année de bizuth en NBA, je n'ai rien eu de spécial, en fait. Je devais aller chercher les donuts les jours de match et un café pour Steve Smith et c'est tout ! Je l'ai fait toute l'année, même quand j'ai été titulaire. Je ramenais une vingtaine de donuts tous les jours de match. Franchement, ça allait. C'était la tradition, ici et ce n'était pas très contraignant.

Après cette première saison, clairement, en 2003, on veut gagner le titre. On termine premiers de la saison régulière, à soixante victoires (60-22). Dans notre tête, il faut gagner le titre. On a une équipe qui est forte, le MVP de la saison est chez nous – c'est Tim Duncan : il faut que l'on gagne ! Notre grand moment, c'est évidemment le deuxième tour des play-offs face aux Lakers, triples champions en titre. On voulait être l'équipe qui les bat, qui les sort enfin ! Je fais un gros match 6 à Los Angeles et on les sort là-bas, chez eux (4-2). C'était une sensation incroyable d'éliminer les triples champions en titre. À la fin du match, on s'est tous regardés et on avait compris : si on sort les Lakers, on va jusqu'au bout. En finale, on joue les Nets de Jason Kidd. C'est un peu la finale rêvée pour moi. D'autant qu'à cette époque, il y avait plein de rumeurs sur sa possible arrivée à San Antonio et ça me tenait forcément à cœur de bien jouer contre lui.

C'est ma première finale et je fais trois premiers matches de rêve, où je suis sur mon nuage. Je suis même dans la course au titre de MVP de la finale ! Je joue à un niveau spectaculaire. Mais ma jeunesse va me rattraper. La pression, le fait qu'on parle de moi pour le titre de MVP de la finale, à 21 ans, moi le petit Frenchy, tout cela va me peser. Et sur les matches suivants, j'ai été moins bon. Mais de cette première finale NBA, j'ai beaucoup appris. Je pense même que ces matches-là m'ont servi pour le reste de ma carrière. Savoir que, quand tu fais des gros matches, il ne faut pas se prendre la tête à écouter la télé, lire les journaux. Mes amis étaient excités et j'ai laissé l'événement prendre le dessus. C'était presque comme si je ne me sentais pas à ma place. Je me disais que ce n'était pas normal que je sois MVP des Finals à 21 ans. C'est la première fois de ma carrière où j'ai laissé l'événement me dominer et les trois derniers matches, ce n'était vraiment pas terrible. Heureusement que Tim a assuré ! Mais il n'y a pas de frustration pour autant, je suis champion NBA à 21 ans, j'ai fait plus que ma part, je suis dans le Top 3 des meilleurs joueurs de l'équipe, je suis deuxième marqueur des Spurs en play-offs. J'ai plus que participé à ce titre-là.

Jamais je n'aurais imaginé être champion NBA. Mon rêve, c'était simplement de jouer en NBA et d'être un bon joueur. Penser qu'un jour je serais champion et, encore plus, dans les discussions pour le titre de MVP de la finale après trois matches, à 21 ans, c'était bien au-delà de tout.

Premier titre NBA

Je n'ai jamais rêvé d'être champion NBA en réalité. Alors, l'être à 21 ans... Roger Federer gagne Wimbledon à 22 ans, Michael Jordan a attendu très longtemps (premier titre de champion NBA à 28 ans). C'était énorme ! Mon premier titre ! Sur le moment, je ne réalise pas en fait. Et surtout, je ne me rends pas vraiment compte à quel point c'est difficile d'être champion NBA. Moi, je le suis dès ma deuxième année ! C'est pour cette raison, notamment, que j'ai plus apprécié le titre de 2014, et même celui de 2007, que ce premier titre de champion. En 2003, on était comme des fous, on était inconscients. J'étais avec mes amis dans le vestiaire, on chantait « On est champions ! », mais on ne se rendait pas compte en réalité.

Plus tard, quand tu galères, que tu encaisses des défaites, là tu commences à réaliser à quel point c'est dur. Moi, ce jour-là, j'avais juste les images de Jordan en tête et comment il célébrait les titres. Donc, j'ai pris un gros cigare et... j'ai fait semblant parce que je ne fume pas ! Le cigare, je l'ai donné à mon père parce qu'il adore ça, lui.

Tout ce que j'avais envie de faire, c'était ouvrir les bouteilles de champagne et les secouer pour arroser tout le vestiaire !

C'est dur de mettre des mots sur ce que tu ressens exactement quand tu gagnes un titre. Le sport, c'est ça, des émotions incroyables, des moments déconnectés, hors du temps. Quand tu travailles toute une année sur un même objectif avec tes coéquipiers et que tu sais que 80 % des joueurs, dans toute leur carrière, ne vont jamais connaître ce feeling-là, tu te sens chanceux. On joue tous, tous les joueurs de basket au monde, pour aller un jour en NBA et gagner un titre. Et moi, je vis cela à 21 ans, dès ma deuxième saison. C'est une sensation forte.

Après, on a dîné avec toute l'équipe, puis je suis parti célébrer le titre avec mes amis. Mais je n'ai pas pris de cuite. J'étais bien, j'étais gai, mais pas de cuite. De toute façon, lors de tous les titres que j'ai gagnés, je n'ai jamais pris de cuite. Je bois un peu mais une fois que je suis gai, j'arrête parce que j'ai envie de profiter du moment, de me rappeler la soirée. En fait, je suis presque déjà nostalgique durant la soirée, en me rendant compte de tout ce que l'on a fait, tout ce que l'on a traversé pour en arriver là. Chaque titre a un caractère spécial. 2005, c'était un match 7, 2007, c'était le titre de MVP de la finale, 2014, c'était sept ans après ! Et le titre de champion d'Europe 2013 avec l'équipe de France, c'est encore un autre truc.

Prêt à quitter les Spurs

Après ce premier titre de champion NBA en 2003, je rentre dans une autre dimension. Avec les Spurs, on veut installer une dynastie. Moi, je commence à structurer mon image. Les sponsors arrivent de partout, je renégocie mon contrat avec Nike. Je suis le premier Français champion NBA, on n'avait jamais vu cela. Je décide de prendre quelqu'un, de mettre en place une stratégie, de choisir vraiment ce que j'ai envie de représenter, l'image que je veux renvoyer, les valeurs que je veux donner aux jeunes qui me regardent. Je lance aussi ma fondation, avec ma mère. Quand je rentre en France à l'été 2003, les matches avec l'équipe de France pendant la prépa de l'Euro sont incroyables. Tout le monde a mon maillot des Spurs sur le dos, c'est dingue ! En fait, j'étais déjà très discipliné par rapport à ça, très structuré dans ma tête, je pense. C'est comme après le titre NBA, on a fait la fête deux, trois jours, mais je ne suis pas parti en vrille, une semaine à faire n'importe quoi à Ibiza ! Pourtant, j'avais 21 ans, ça aurait pu se comprendre. Mais j'avais un championnat d'Europe à préparer.

Je sais que les gens s'attendent à voir Tony Parker, il faut que je sois prêt. Et ma vie, elle a été réglée ainsi pendant très, très longtemps. C'est un mal pour un bien. Comme ça, je suis tout le temps dans le truc. À chaque fois, je me disais que j'aurais bien le temps de mesurer, de réaliser pleinement tout ça le jour où je serais à la retraite ou que mon maillot serait retiré. Alors, on pourra s'asseoir et se dire que ce n'est pas si mal, après tout, ce qu'on a fait, non ?

Quand les rumeurs concernant l'arrivée de Jason Kidd à San Antonio gonflent à l'été 2003, au début je suis étonné. On est champions NBA, je suis jeune, je ne vais faire que progresser. Je ne comprends pas pourquoi les Spurs veulent prendre un meneur de jeu. Je sens bien que Pop est un peu gêné :

— Oui, mais s'il vient, on va pouvoir vous associer sur le terrain…

— Oui, mais moi, je n'ai pas envie d'être un deuxième arrière, je suis trop petit pour ce poste, le meneur c'est moi !

Finalement, ça ne se fait pas, Jason Kidd décide de rester à New Jersey. Mais je n'ai pas bien vécu que les Spurs pensent à lui pour renforcer l'équipe. Mais bon, c'est la NBA, c'est un business ! Jason Kidd, à l'époque, c'est le meilleur meneur en NBA et si une franchise a une chance de l'avoir, je peux comprendre que ça l'intéresse. Mais ça m'étonnait. D'ailleurs, j'ai dit à Pop : « Si Jason Kidd vient, je ne reste pas, je vais partir. Je comprends, je ne suis pas énervé, je ne le prends pas mal, mais je suis surpris. Je suis le deuxième marqueur de l'équipe, j'ai tout l'avenir devant moi pour être le bras droit de Tim Duncan. C'est dommage. Je suis heureux ici et j'ai envie de faire toute ma carrière à San Antonio. » Je ne sais pas quel impact mon discours aura eu au final, car Jason Kidd a finalement décidé de rester à New Jersey. Mais s'il était venu, c'est clair, je ne serais pas resté.

C'est aussi ça, la NBA. Bien sûr, tu dois faire ta part, tu dois travailler dur, bien dormir, prendre soin de ton corps, être performant sur tous les matches. Mais quand tu es jeune, il y a aussi une part de chance aux premiers temps de ta carrière. Tant que tu n'es pas installé comme un indétrônable, il peut s'en passer des trucs ! Moi, ce n'est vraiment qu'à partir de 2006 que j'ai commencé à me dire : « Ça se passe plutôt bien pour moi, je crois que je vais rester ici pendant un bon moment. »

À ce moment-là, je suis installé, j'ai un contrat de six ans, signé deux ans plus tôt. En 2004, ils m'ont donné le troisième plus gros contrat de l'histoire de la franchise à l'époque ! 66 millions de dollars sur six ans, à un petit Français de 22 ans, c'était énorme ! Surtout pour les Texans qui font très attention à leur argent. À ce moment-là, en termes de salaire, je deviens même le sportif français le mieux payé, devant « Zizou » ! Ça a eu un impact de folie à l'époque.

Là encore, je ne ressens pas de vertige. Dès l'âge de 19 ans, j'ai rencontré un banquier, Stéphane Oberer, qui m'a parfaitement éduqué par rapport à l'argent. Il a passé beaucoup de temps à bien m'expliquer les précautions à prendre et les risques à éviter dans ce domaine. On avait déjà un plan bien établi avec Stéphane et mon business manager, Bill Braden, pour savoir ce qu'on allait faire de cet argent.

Le Big Three

2005, l'année de mon deuxième titre NBA, est une année particulière. Je sens bien que j'occupe une place de plus en plus importante dans l'équipe. Je fais des gros matches en play-offs, je suis performant. Mais après, sur la finale, mes deux, trois derniers matches ne sont pas à mon niveau habituel et c'est vrai que c'est cette image-là qui reste dans l'esprit des gens. D'ailleurs, sans doute parce que j'étais le petit Français, un choix un peu bizarre au départ, les gens ont toujours été très sévères avec moi à San Antonio. Quand on ne gagnait pas, c'était toujours de ma faute. En 2003 et en 2005, même si on est champions NBA, même si j'ai été performant en play-offs, ma mauvaise prestation sur les derniers matches de la finale a suscité des commentaires du style : « Tony, sur les derniers matches, il ne met pas de tirs extérieurs, ça va être compliqué de créer une vraie domination, une dynastie... » J'entends ces réticences, ces prudences à mon égard. Mais je vais me servir de ça.

Ça m'a beaucoup motivé. On est champions NBA pour la deuxième fois, c'est l'acte de naissance véritable du *Big Three*, avec Tim Duncan et Manu Ginobili qui explose vraiment et devient All-Star en 2005. D'ailleurs, je dois avouer que j'étais un peu énervé cette année-là. Ils prennent Tim et Manu au All-Star : normal, ils le méritent. Mais on a le deuxième meilleur bilan de la NBA et ils ne nous prennent pas tous les trois ! On ne me voit pas encore comme un All-Star, clairement. Alors qu'on va gagner notre deuxième titre NBA et qu'ils prennent bien trois joueurs de Phoenix – meilleur bilan de la saison 2004-2005 avec 62 victoires et 20 défaites : Nash, Marion et Stoudemire. Et eux, on les battait tout le temps ! En 2005, je pensais vraiment que je serais All-Star. Je ne l'ai pas été. Et tout l'été, ça a été ma plus grande motivation en pensant à la saison suivante : quoi qu'il arrive, en 2006 je serai All-Star. Je veux faire partie des meilleurs joueurs de la NBA et je veux être un jour le meilleur meneur de la NBA. C'était ça mon objectif. Cette année-là, 2006, j'ai joué avec une férocité incroyable, que je n'avais peut-être jamais eue avant. Aux trois quarts de la saison, j'étais numéro 1 en points inscrits dans la raquette, tous postes confondus ! Moi, le petit gars d'1,86 m, je mettais plus de points près du cercle que Shaquille O'Neal ou Kevin Garnett ! J'étais vraiment déterminé. J'avais 22 ans, il fallait que je sois All-Star, on n'allait pas attendre cinquante ans ! Au moment du vote, en janvier 2006, je tourne à 20 points de moyenne et c'est la première fois que je suis performant à chaque match ! Dans mon jeu, sur les premiers mois de cette saison 2005-2006, il y a une régularité nouvelle. J'ai envie de passer un cap.

Le travail sur mon shoot

C'est aussi après la finale 2005 que je prends Chip Engelland comme shooting coach. J'ai entendu les critiques sur mon shoot et je vois bien que les défenses resserrent vraiment sur moi. À un moment donné, des shoots de loin, il faut en mettre. Sur les gros matches, je dois progresser là-dessus. À l'époque, c'est une demande commune avec les Spurs, ce sont eux qui l'engagent. Chip a déjà travaillé avec Grant Hill et Steve Kerr par le passé. À l'été 2005, je passe un mois à Los Angeles avec lui, à ne faire que shooter. Je change un peu mon geste, je replace mon pouce plus au centre de la balle, comme lorsque je fais mon tear drop, en fait. Il faut que je parte plus droit, que ma main n'aille pas trop vers l'arrière. En fait, il faut que je simplifie mon tir, pour le rendre plus fluide. Après chaque dribble, j'avais tendance à faire une espèce d'arc de cercle avant de shooter, alors qu'il fallait que je monte droit. Quand je shootais, Chip avait l'impression que le panier était posé sur un bateau qui tanguait et qu'il n'était jamais au même endroit.

Quand j'arrive à Los Angeles pour ma première séance, il m'explique : « Tout ce qu'on va faire aujourd'hui, c'est shooter à une main pendant deux heures sur la ligne des lancers francs et c'est tout ! » Là je me suis dit : « Il est bizarre, lui, avec ses méthodes ! » D'ailleurs, il va s'en rappeler toute sa vie, de ce début de collaboration avec moi : j'ai mis mes soixante-quinze premiers lancers francs à une main ! Soixante-quinze de suite. Et les journées suivantes se sont toutes résumées à du shoot, du shoot, et encore du shoot !

J'avais besoin de gagner en régularité, j'étais trop inconstant. J'étais capable de faire un gros match et le lendemain de ne pas rentrer un tir. Très vite, après cet été de réajustement du geste, en 2005, je sens la progression. Je commence à gagner en régularité. Mais il me faudra du temps pour apprivoiser totalement tout le travail et cette nouvelle mécanique de shoot. Ce n'est vraiment qu'en 2007 que j'ai commencé à me sentir bien au tir. J'ai pris confiance et ça m'a vraiment ouvert un nouveau champ, un autre terrain d'expression. J'ai pu commencer à jouer avec mon tir, à pouvoir faire les deux : proposer du danger dans le un-contre-un, qui a toujours été mon fort, mais aussi désormais dans le tir extérieur. D'ailleurs, 2007, 2008, 2009, ce sont les trois saisons où je mets le plus de points en NBA. En 2008, je suis à 22 points de moyenne et j'établis mon record sur un match avec 55 points. Je faisais des vrais matches, complets et surtout, c'était la première fois que j'étais capable de mettre 20 points en NBA sans faire un seul lay-up ! Avant, c'était totalement impossible pour moi. Si je mettais 20 points, c'est que j'avais mis huit lay-up ! Là, sur tous les matches je suis bien plus complet en attaque. De 2006 à 2011, j'ai beaucoup travaillé avec Chip. Ensuite, c'était plus de la « maintenance » ! J'étais content de le voir.

2006, être All-Star, c'était mon *focus*. Et quand j'apprends que je suis retenu, je suis vraiment content, j'avoue. Deux heures avant l'annonce des résultats à la télé, mon agent m'a appelé : « *You finally made it* » (tu l'as enfin réalisé). J'avais travaillé dur pour ça. Et là, je l'ai fêté ! On avait un match à New York. C'est là qu'on a fait la fête avec les amis. Même si ça ne remplacera jamais un titre en équipe, à un moment donné, tu as quand même aussi envie d'être reconnu individuellement. Pour moi, tu ne peux pas avoir mieux, à part le *All-NBA first, second and third team*.

All-Star

Quand j'arrive à Houston, lieu du All-Star, pour moi, c'est la fête. Toutes les stars sont là, Hollywood est là ! En plus, à l'époque, je travaille sur mon album de musique. Booba est venu. On fait nos trucs, j'étais en plein dedans. Mais le moment le plus important reste quand même le dimanche et le match de basket. Kobe Bryant et Kevin Garnett sont les deux qui m'ont accueilli, en me souhaitant la bienvenue dans la famille des All-Stars. C'est une vraie communauté, une famille à part. Et j'entre dedans. Garnett, c'est marrant, je pensais qu'il ne m'aimait pas, qu'il ne nous aimait pas, parce qu'à l'époque, les Spurs et Timberwolves, son club, entretiennent une vraie rivalité. Mais il a été super sympa. Je suis vraiment content de rencontrer les joueurs NBA en dehors de la compétition quand on se tabasse ! Dans le vestiaire, je suis entre Duncan, Bryant et Garnett. Je suis bien.

Revêtir la veste All-Star, c'est une sacrée sensation, un vrai sentiment de fierté. Quand j'arrive dans le vestiaire, c'est mon plus grand plaisir, voir cette veste accrochée au cintre de mon casier, ce maillot All-Star suspendu, avec *West* écrit dessus. Le deuxième plaisir, c'est recevoir ma bague. Je ne savais même pas qu'il y avait une bague de All-Star différente, offerte chaque année, avec le logo de l'événement. Elles sont vraiment sympas. Les manteaux aussi sont trop forts, je les ai tous gardés ! Être All-Star une fois ou deux, je ne vais pas dire que c'est facile, mais il y en a plein qui le font. Mais plus de cinq fois, cela signifie que tu fais partie des meilleurs joueurs sur une longue période. Je l'ai été six fois. J'aurais sans doute pu l'être deux, trois fois de plus. Et pourtant la concurrence était super rude à l'Ouest sur les postes arrières, entre Kobe Bryant, Tracy McGrady, Steve Nash, Russell Westbrook, Chris Paul, Deron Williams. J'ai été six fois All-Star, dans l'âge doré des meneurs de jeu à l'Ouest et j'en suis fier ! Si j'avais été à l'Est, j'aurais pu l'être au moins dix fois je pense. D'autant plus que devant moi, aux Spurs, j'avais un gars, Tim Duncan, qui était All-Star tous les ans ! Donc il fallait que je sois vraiment bon pour que l'on accepte de prendre deux joueurs de la même équipe. Pour s'en rendre compte, il suffit de songer que Manu Ginobili ne l'a été que deux fois. En nombre de sélections All-Star, je suis le deuxième Européen de l'histoire, derrière Dirk Nowitzki.

2007, MVP de la finale

Après cette année 2006, où j'étoffe mon jeu, où j'entre dans le cercle All-Star, je suis à nouveau gonflé à bloc pour la saison suivante. Et 2007 sera particulièrement spéciale pour moi. Cette année-là, comme tous les ans, on vise le titre, évidemment. Et l'on va se retrouver en finale, en capacité, pour moi, de gagner un troisième titre NBA. Mais en réalité, la vraie finale, elle n'est pas tant contre Cleveland que contre Phoenix en demi-finale de Conférence. Il y a 2-2 dans la série, avant le match 5 à Phoenix. La veille au soir, alors que l'on est tranquillement à l'hôtel, Pop nous convoque dans sa chambre, Tim, Manu et moi. Ce qu'il ne fait jamais. Il nous dit : « Bon, les gars, c'est rare que je vous mette la pression comme ça, mais ce match est très, très important. On gagne ce match-là, on est champions NBA ! »

Dans son esprit, c'est déjà réglé. Nous aussi, on était persuadés que si l'on gagnait à Phoenix, on était champions NBA. Il le savait, je le savais, on le savait tous, mais Pop avait besoin de nous le dire. C'était une série très dure, très physique, très tendue. C'était la première fois qu'il faisait cela. Le soir du match, à quelques secondes de la fin, j'ai la balle de match dans les mains, je pénètre et je ressors la balle dans le coin pour Bruce Bowen qui met le tir à trois points décisif. On gagne ce match 5 88-85. Alors, on s'est simplement regardés, on savait…

De mes quatre titres NBA, la finale 2007 contre Cleveland est la plus simple à gagner : 4-0. Mais elle reste évidemment spéciale parce que je suis élu MVP de cette finale. Je fais deux très bons premiers matches. Lors du match 2, je mets 30 points. Première fois que je mets 30 points en finale NBA. Cette fois, mes expériences de 2003 et 2005 m'ont servi. Après le match 2, on me posait toujours la même question : « Tony, peux-tu être MVP des Finals ? Et bla-bla-bla... » Tous mes amis m'appelaient pour me parler de ça ! Mais j'avais éteint quelque chose dans ma tête. J'ai fait le black-out total. Je leur répondais : « Les gars, je ne veux pas parler de ça sinon je raccroche ! » Je ne voulais parler de ça à personne. Je ne voulais laisser aucune distraction perturber ma concentration. Je n'ai pas lu un article de presse et c'est d'ailleurs à partir de là que je n'en ai plus lu un seul pendant les play-offs. Avant je lisais tout. Depuis 2007, je ne lis plus rien.

Puis, arrive le match 3. Et là, je sens que mon approche, mes sensations sont différentes de 2003 et 2005. Je mets le panier à trois points pour gagner le match (75-72), avant de terminer en beauté sur le match 4 et d'être élu, effectivement MVP de la finale. Thierry Henry était venu de Barcelone, il avait fait le déplacement pour ça, il avait même amené ma mère en avion privé, en mode taxi ! Le soir, alors que l'on est en train de fêter le titre, je me dis : « Je ne peux pas faire mieux. Je suis All-Star, champion NBA, MVP des Finals. » On était champions pour la troisième fois en cinq ans mais je voulais que l'on aille encore plus haut et que l'on continue à marquer l'histoire.

Tout le monde attendait la consécration de LeBron James sur cette finale. Moi, je n'y pensais même pas. Déjà, je suis pro-Jordan. Pour moi, c'est lui, le numéro 1, donc je m'en foutais pas mal ! Le titre de MVP, je ne le sais qu'au moment de l'annonce. Je ne m'en doute pas avant car, pour moi, les Spurs, c'est la franchise de Tim Duncan. Et je n'aurais pas été surpris que ce soit pour lui. Comme « Shaq » avec les Lakers. Il l'a eu trois fois de suite, mais Kobe Bryant l'aurait bien mérité aussi, vu ses finales ! Il avait été impressionnant, mais il n'a jamais gagné le titre de MVP sur toute cette période où il était associé au Shaq ! Je pensais que ce serait pareil pour moi et que le titre allait revenir à Tim. Alors, je suis surpris quand on me le donne. Ça aurait été normal qu'ils le donnent à Duncan. C'est notre *franchise player*, j'aurais eu zéro problème avec ça.

Quand je reçois le titre de MVP, je sais quand même que, d'une certaine manière, je le mérite aussi. Et puis, Duncan en avait déjà trois, il pouvait bien m'en laisser un ! Pop était fier de moi : « Tu viens de tellement loin », m'a-t-il dit. On était à notre apogée cette année-là. Le *Big Three* en osmose, sans aucun problème d'ego, où tout le monde dans l'équipe connaissait son rôle. Ce comportement, cette loyauté, c'est dans l'ADN des Spurs. Tout au long de notre carrière, Manu et moi, on n'a jamais rien revendiqué. On a toujours été très respectueux, on a toujours considéré que c'était la franchise de Duncan, que c'était lui la star. Et derrière lui, on se foutait bien que l'ordre ce soit Ginobili-Parker ou Parker-Ginobili. Pour nous, c'était le *Big Three*. Point.

Patron des Spurs

Avec ce trophée, je passe encore un cran, de star NBA à superstar. J'entre dans le cercle très fermé des joueurs que tous les adversaires vont désormais vouloir attaquer à chaque match. C'est ce que je voulais et j'étais prêt pour ça. Je trouvais que j'avais la maturité pour absorber cette pression. Mon début de carrière, les finales 2003 et 2005, le fait de ne pas être All-Star en 2005, tout cela m'avait préparé pour assumer un jour ce statut. Ça montre aussi à Pop que, le jour où Duncan ralentit, le « petit » derrière, il est prêt. On ne s'est jamais lassés les uns des autres, dans un système très militaire, très hiérarchisé, finalement. Tu attends ton temps. Et pendant que ton temps se rapproche, tu gagnes en plus ! Tu t'habitues à un certain système de jeu et tu sais que ça marche. Ça n'était pas toujours funky en termes de jeu, mais ça gagnait et moi, ça me suffisait.

Et puis vient un jour où ton temps arrive. En 2011, quand Pop me fait venir dans son bureau, je suis un peu gêné. Il avait regardé l'Euro 2011 en Lituanie et il me lâche : « Bon, il est temps que tu prennes l'équipe en main, que tu deviennes ce leader, à l'image de ce que tu fais en équipe de France. »

Il avait regardé les matches, il avait vu comment je me comportais dans l'équipe, comment je gueulais sur tout le monde, l'emprise totale que j'avais sur cette équipe. Et en gros, il me dit qu'il veut que je fasse la même chose avec les Spurs ! Là, comme dix ans plus tôt dans l'avion privé en 2001, ma première question reste toujours la même :

— Est-ce que Tim est d'accord ?

— Ne t'inquiète pas pour Tim, il va bien, il t'aime, il n'y a aucun souci. Mais il est temps que tu mettes ton empreinte sur cette équipe.

Je l'écoute. Je ne m'attendais pas du tout à ça. Je sors d'un gros Euro, le meilleur que j'ai fait avec l'équipe de France, sur et en dehors du terrain. Je me sens prêt. Je suis honoré. Les Spurs sont l'une des meilleures franchises de l'histoire et on me demande d'en être le patron sur le terrain…

Sur cette année 2011-2012, je suis le seul All-Star de l'équipe, je bats le record de passes de l'histoire de la franchise, en dépassant Avery Johnson. Surtout, cette année-là, je termine tous les matches et j'ai désormais la balle en main dans les quatrièmes quart-temps, alors qu'avant c'était plutôt Tim et Manu qui finissaient, qui étaient décisifs en fin de match. Là, Pop annonce plus de systèmes pour moi dans le dernier quart-temps. Pas forcément pour marquer, mais aussi pour créer pour les autres.

À partir de 2011, je sais comment je vais jouer, je ne me concentre plus vraiment sur moi, sur mon jeu, mais plutôt sur mes coéquipiers : comment je peux les aider à être meilleurs. Et les compliments qu'on a reçus sur notre jeu, notamment lors de notre dernier titre de champions en 2014, j'en prends un peu pour moi perso car notre basket, pendant ces trois ans, était basé sur mon jeu, avant que je passe, à mon tour, le pouvoir à Kawhi Leonard en 2015. Mais ces trois années-là, c'était moi. Ce processus de contrôle, de partage, d'implication de tout le monde, a toujours été souhaité par Pop et les Spurs. Il avait même déjà commencé avec l'équipe de France en 2009, à l'Euro, quand Vincent Collet, le sélectionneur, me demande de changer un peu mon jeu, d'installer mes coéquipiers sur les trois premiers quart-temps, avant de prendre le jeu à mon compte sur le dernier quart. Sur le terrain, j'ai encore plus de pression, de responsabilité. C'est ma team et on va aller aussi loin que je peux les amener. En 2009, j'ai 27 ans et c'est aussi à ce moment-là que je prends un chef cuisinier, Cliff. Il faut que je sois prêt sur tous les matches désormais, que je fasse encore plus attention à ce que je mange. Avant je faisais déjà attention, mais j'avais 25 ans, je savais que j'allais « brûler » vite. Là, je me dis qu'on va tout faire nickel.

Avec Tim, on n'en parle pas vraiment. Ça se fait naturellement. À partir de cette saison de « passation » en 2011, je prends plus souvent la parole dans le vestiaire, alors qu'avant je ne disais pas grand-chose. Là, c'est moi qui parle, comme en équipe de France. En fait, c'est comme si on avait transposé le schéma au Texas ! Je me mets debout, au milieu du vestiaire et je parle. Mais je me sens à l'aise. Les coéquipiers, je les connais depuis longtemps, je sais que Tim et Manu me soutiennent. C'est là aussi que je commence à prendre la tablette sur les temps morts. Pendant que les coaches parlent entre eux, je me mets sur la chaise de Pop et je montre ce que l'on va faire. Quand on est dans la merde, désormais, les coéquipiers me regardent, comme en équipe de France. C'est là qu'il ne faut pas se louper ! Mais c'est le respect ultime que tu peux obtenir en tant que joueur de basket. Quand toute une équipe te regarde et te fait confiance. C'est incroyable comme feeling. Pop était fier, c'est ce qu'il attendait de moi. Parfois, quand il voulait annoncer un système depuis le bord de touche, comme il le fait tout le temps, je lui faisais non en remontant la balle, « *I got it* », c'est pour moi. Pas de problème, il se rasseyait sur sa chaise. Je n'aurais jamais fait ça en début de carrière. Et désormais, cela arrivait la moitié du temps. Je gérais l'équipe et c'était son rêve. Un jour, il me l'a dit ainsi, textuellement, dans son bureau : « Mon rêve, c'est que je reste sur ma chaise à te regarder gérer le truc et que je n'aie rien à faire. » Il était toujours dur avec moi, mais dans la relation, ça n'avait plus rien à voir avec mes premières années…

La défaite la plus terrible de ma carrière

À cette époque, je me sens à mon apogée, je suis dans mon *prime*. Je joue mon meilleur basket et maintenant, on m'a donné le commandement de l'équipe. Reste la récompense ultime : gagner un titre en pouvant dire que c'est ma franchise ! Et c'est ce que l'on a fait en 2014. Mais avant cela, il y a eu une grosse désillusion. 2013, la défaite face au Miami Heat au septième match (4-3) en finale. C'est la plus terrible défaite de ma carrière. Je n'ai jamais vécu un truc comme ça. Le soir du match 6, perdu après prolongation dans des circonstances incroyables (100-103), on est au restaurant, avec le staff, les joueurs, les familles. L'atmosphère est plombée, le silence est pesant, c'est horrible. Et pourtant il y a encore un match 7 à jouer, décisif. Personne n'est encore champion ! Mais on sait tous déjà que ce sera trop dur de passer au-dessus de ce que l'on vient de vivre. On avait 5 points d'avance à 28 secondes de la fin, on était champions NBA... avant de perdre ce match. Au resto, ce soir-là, j'ai le sentiment que c'est fini. Je ne peux pas parler pour les autres, pour mes coéquipiers, pour Pop, mais moi, je me dis : « Ce n'est pas notre année. Les dieux du basket ne sont pas avec nous. C'est fini... » Sur les visages de mes coéquipiers, je vois l'abattement, c'est tellement dur à vivre. On mène 2-1, 3-2, on a la finale entre les mains. On la tient, elle est à nous. C'est dur.

Il reste 28 secondes à jouer, un temps mort est demandé. On n'a plus qu'à terminer le match – et on est connus pour bien terminer les matches. On a plutôt bien géré ça lors des play-offs. On est confiants, on se dit qu'il faut mettre nos lancers francs, faire un stop défensif, choper un rebond et c'est terminé. Moi, je suis un peu dans l'euphorie. Juste avant, je fais un petit step-back sur LeBron James, puis une interception et un petit jump shoot ! Dans ma tête, on va être champions NBA, c'est bon, et je serai même peut-être MVP de la finale pour la deuxième fois ! Tu vois déjà tout le truc, tu imagines la scène. Je vois qu'ils installent le cordon, je vois le trophée du coin de l'œil. Et puis, d'un coup, le truc t'échappe, comme ça. Kawhi Leonard manque un lancer, Manu aussi. On n'arrive pas à avoir les rebonds. Chris Bosh, lui, prend le rebond offensif sur le tir manqué de LeBron James, puis il passe la balle à Ray Allen, qui met ce tir à trois points dans le coin pour égaliser, alors que je cours comme un dingue vers lui, en essayant de ne pas trop le coller non plus, pour ne pas risquer la faute et de perdre le match avant même la prolongation ! Il met un tir de ouf quand même.

C'est dur, mais quand j'y repense aujourd'hui, je me dis que je ne changerais rien, en fait. Parce que notre satisfaction quand on a gagné en 2014 était incroyable. Si on avait gagné le titre en 2013, peut-être qu'on ne l'aurait pas gagné en 2014. Cette désillusion nous a sûrement un peu plus encore renforcés, elle a révélé le vrai caractère de cette équipe. Perdre de cette façon en 2013 et, l'année d'après, battre la même équipe en finale, c'est fort mentalement.

Apogée

Quand on sait que l'on rejoue Miami en finale l'année suivante, en 2014, c'est impossible que l'on perde. Tim et moi, on ne parlait que de cela : on ne va pas perdre contre la même équipe deux fois de suite ! C'était im-pos-sible. En plus, on jouait tellement bien cette année-là ! D'ailleurs, c'est vraiment le jeu qui nous porte et nous anime jusqu'à la victoire finale. À aucun moment, durant toute l'année, on n'a parlé de revanche. On voulait juste être champions NBA. Les images de la finale 2013 ne sont jamais venues polluer la finale 2014. La seule fois où Pop nous les a montrées, c'est au début de la saison. Le jour du premier entraînement !

On arrive à la salle, contents de se retrouver et de lancer une nouvelle saison et, finalement, on nous dit que l'on n'a pas entraînement. On a dû regarder tout le quatrième quart-temps et la prolongation du match 6 des finales 2013. C'était la piqûre de rappel, celle qui fait mal, pour lancer la saison et nous motiver. Pour moi, c'est d'autant plus rude comme retour que j'arrive, tout guilleret, excité par mon titre de champion d'Europe ! J'ai une énergie de malade à la reprise. C'est reparti, on y va ! Et là, bam ! Pop nous replonge dans le fond du trou. Avec l'été et la grande aventure en équipe de France, j'avais oublié combien cela faisait mal.

En 2014, on a montré une autre façon de gagner un titre NBA, avec un jeu de passes rarement vu en NBA depuis les années Magic et Bird. Entre 2012 et 2014, c'était un peu l'apogée, notre jeu était loué par toute la NBA et tout le monde aimait nous voir jouer. C'était un jeu à l'européenne, un jeu de passes, un jeu fait pour moi. Sans prétention, 2014, sur le jeu collectif, c'est peut-être l'un des plus beaux baskets de tous les temps. Tu peux nous comparer avec les Lakers et les Celtics de la grande époque. Cette année-là, on a atteint un niveau incroyable. Moi, en tout cas, c'est le meilleur basket que j'ai joué avec les Spurs. Le niveau en finale est impressionnant. Miami a pris le parti de me trapper, parfois à deux joueurs. Boris Diaw et Kawhi Leonard sont les deux qui doivent créer du jeu derrière, quand je lâche la balle. Et je sais que Boris, à ce jeu-là, est super fort. C'était lui, le deuxième meneur de jeu des Spurs. Boris fait une finale magnifique, Kawhi fait deux matches, les 3 et 4, incroyables en attaque, avec en plus une énorme défense sur LeBron James. Et sur le match 5, on gagne de 20 points, c'est l'apothéose.

Gagner un titre de champion NBA avec mon ami d'enfance, c'est un feeling incroyable. Avec Boris, on en parlait parfois à l'INSEP, on en rigolait souvent. On n'avait jamais rêvé de ça vraiment. Que l'on puisse être tous les deux, un jour, en NBA, c'était déjà un truc de malade ! Que l'on puisse ensuite jouer dans la même équipe, c'était encore plus grand. Mais alors que l'on gagne ensemble un titre NBA, c'était totalement impossible de rêver ça !

Quand il arrive à San Antonio en cours de saison 2011-2012, on a fait un pas, mais on n'en fait pas deux, pas tout de suite. On est heureux de se retrouver, surtout. Boris est resté deux mois chez moi. Il logeait dans la dépendance juste à côté, la maison des invités. Généralement, les gens prennent deux semaines pour trouver une maison. Bobo, lui, s'est senti bien donc il est resté deux mois ! J'étais content de l'accueillir. Boris, c'est comme la famille. Il était vachement respectueux. Il me demandait toujours s'il pouvait venir à la maison, s'il pouvait manger avec nous le soir. On a passé des supers moments et c'était la première fois depuis l'INSEP où l'on se voyait autant pendant l'année. C'était différent de l'équipe de France, c'était des moments privilégiés. On dînait ensemble, on parlait de tout – et pas seulement de basket. On parlait des Spurs aussi, évidemment, et peut-être que je l'ai aidé aussi dans le processus d'intégration. Quand j'y repense, maintenant, il y a non seulement le titre NBA 2014, mais aussi le titre de champion d'Europe 2013 que l'on ramène tous les deux à San Antonio. Gagner ces deux titres, avec ton ami d'enfance, c'est vraiment un truc de dingue.

Cette finale NBA 2014, elle est incroyable aussi pour la ferveur qu'elle véhicule autour de Boris et moi. Tous nos amis étaient là, il y avait plein de Français. C'était super sympa. On a fêté ça ensemble pendant longtemps. Pour moi, 2014, c'est une année de folie. On est champions NBA mi-juin et Josh, mon premier enfant, est né un peu avant, fin avril. Dans les derniers jours de la grossesse d'Axelle, j'enchaînais les trajets hôpital-salle non-stop, alors qu'on était en plein play-offs. Je ne dormais pas beaucoup mais je faisais des matches plutôt corrects sur le terrain ! Puis, dans la foulée, cet été-là, le 2 août, je me marie avec Ax. C'est une année incroyable pour moi, tellement riche en émotions. Après, j'avoue que j'étais un peu vidé. Boris, lui, a eu le courage d'aller à la Coupe du monde avec l'équipe de France. Moi, j'ai décidé de prendre un été off, j'étais rincé.

2014, c'est sans doute le titre qui compte le plus à mes yeux. C'est aussi celui qui m'a fait vraiment prendre conscience de tous les sacrifices nécessaires pour gagner un titre NBA. Cette année-là, j'avais l'impression que tout allait au ralenti, j'ai pu apprécier chaque moment. Si en 2003, finalement, je n'ai pas gardé beaucoup de souvenirs parce que tout allait si vite dans ma tête, de 2014, je me rappelle chaque moment.

Avant le match 5 chez nous, j'avais loué un car de soixante places pour tous mes amis, pour aller au match ! Un car pour faire la fête, avec musique, stroboscope et tout. On était confiants, on menait 3-1, il fallait terminer le boulot. Rien n'était fait encore, mais comme je l'ai dit, il était impossible que l'on perde. À la fin du match, pour aller au resto, je n'étais pas reparti avec l'équipe, j'étais reparti dans le car et j'avais pris le trophée avec moi. Tous mes amis ont pu faire la photo avec le trophée ! Au petit matin, je suis même rentré chez moi avec le car et j'avais gardé le trophée ! J'avais pu prendre une photo de Josh avec le trophée ! Dans la matinée, le dir com des Spurs, Tom James, m'a appelé, il était un peu paniqué, il courait après le trophée ! « Tony, il est où le trophée ? C'est toi qui l'as ? ». Personne ne se souvenait de rien, tout le monde était bourré de toute façon, ils n'avaient même pas vu que je l'avais pris. Mais il a fallu que je le ramène vite au club ce matin-là car c'était le jour des photos officielles avec le trophée !

Ce que j'ai vécu à San Antonio m'a comblé, au-delà de toutes mes espérances d'adolescent rêveur. Aller voir ailleurs, sur un autre marché, une autre franchise NBA, jusqu'à mon départ à Charlotte l'an dernier, ça ne m'a jamais traversé l'esprit. J'étais heureux à San Antonio, on gagnait et je ne me prenais pas la tête. Je n'ai jamais joué au basket pour l'argent. Ça ne me dérangeait pas d'en prendre moins en faisant toute ma carrière là-bas. Tim, Manu et moi, on a toujours pris moins d'argent pour rester à San Antonio et avoir une bonne équipe autour de nous. Après, la gloire, New York, Los Angeles, tout ça, ça ne m'intéressait pas. Ici, les gens m'ont adopté et c'était logique que je reste à San Antonio. J'aurais pu largement gagner trente, quarante millions de plus sur ma carrière si j'étais parti ailleurs. Mais j'étais heureux et ça valait tout l'argent du monde, même si parfois Pop me cassait les bonbons. Parfois, l'assistant coach me disait : « Je sais que tu es énervé contre Pop, ce soir. Si tu te lèves demain matin et que tu es toujours énervé, c'est qu'il y a un problème. Si tu as oublié à ton réveil, c'est que c'est bon. » Eh bien ! tous les matins, quand je me levais, j'avais déjà oublié. Je suis quelqu'un qui n'est pas rancunier. J'ai de la mémoire, c'est différent. Et les fois où je n'étais pas d'accord, je me levais le matin, je prenais mon petit déjeuner, je me mettais en route et sans être énervé, en arrivant au centre d'entraînement des Spurs, j'allais frapper à son bureau pour lui dire simplement que je n'étais pas d'accord. Même si parfois c'était dur, je ne pouvais pas rêver meilleur coach. Si c'était à refaire, sachant ce qu'il va se passer, je ne changerais rien, je le referais tous les jours. Comme il l'a dit, je crois que ce qu'il a vécu avec moi l'a aussi rendu meilleur coach.

Coaché par Phil Jackson

J'ai aussi eu la chance et le privilège de côtoyer un autre grand coach, une fois dans ma vie, Phil Jackson. C'était lors du All-Star 2009. Pour moi, c'était presque irréel. C'était Phil Jackson, quoi ! le coach de Michael Jordan et de Kobe Bryant. Ce n'était qu'un All-Star Game, quelque chose de festif, mais c'était intéressant de voir son comportement avec les joueurs, comment il discutait avec eux. Il avait cette capacité à créer une interaction avec les joueurs. Pour moi, c'était un rêve de gosse qui se réalisait : « Putain ! j'ai été coaché par Phil Jackson ! » C'était la référence avant que Pop ne devienne Pop. Il était très proche des joueurs, très philosophe, parfois on se demandait un peu quelle était la question posée, mais ce week-end partagé avec lui, c'était vraiment un chouette moment.

Selon moi, ma meilleure saison NBA, c'est 2013. C'est là que j'ai le sentiment de m'être fait un peu carotte aux All-NBA teams. Les journalistes qui ont voté ont donné la place de meneur dans la *first team* à Chris Paul, alors qu'en 2013 je trouve que je la méritais vraiment. J'ai été trois années de suite All-NBA *second team*, 2012, 2013 et 2014, ils auraient pu au moins une fois sur les trois me donner la place dans la première équipe. Sur cette période je pouvais presque dire que j'étais le meilleur meneur de la NBA. Sûr en 2013, en tout cas, je pouvais dire que j'étais le meilleur meneur du monde. Ce n'est pas de la prétention, tout le monde le disait !

J'ai été déçu, bien sûr, de ne jamais avoir cette récompense, mais sincèrement ce n'est pas un regret, parce que pour moi, le plus important, c'était Popovich. Et pour lui, à cette période-là, j'étais le meilleur meneur de la NBA. Donc tant que Pop et Duncan me voyaient comme ça, ça m'allait. Je m'en souviendrai toujours : le jour où les résultats sont donnés en 2013, on est en finale de Conférence, c'est après le match 2 contre Memphis. Ce soir-là, je fais 15 points, 18 passes décisives, mon record de passes en NBA ! Les résultats sortent. Tim est *first team* et moi *second*. Il vient me voir, le regard un peu désolé, la tête basse : « Si on en est là aujourd'hui, Tony, c'est parce que tu as joué comme un candidat au titre de MVP toute la saison. Pour moi, tu es le meilleur meneur de la NBA et tu mérites beaucoup plus que moi d'être *first team* parce que c'est toi, le leader qui porte notre équipe aujourd'hui. » Ces mots m'ont tellement touché ! Ils valaient toute la reconnaissance et tous les classements du monde. Que Duncan, le meilleur ailier-fort de l'histoire de la NBA, me dise ça, celui qui ne m'avait même pas adressé la parole de toute ma première année, qui pensait qu'avec ce petit meneur européen, on ne pourrait jamais gagner un titre, ça valait plus que tout. Je préférais largement que Duncan et Popovich me reconnaissent et me respectent à cette valeur-là, plutôt que des journalistes, qui étaient forcément plus nombreux à Los Angeles (Chris Paul jouait alors aux LA Clippers) qu'à San Antonio.

De 2012 à 2014, on va quand même deux fois en finale NBA et on est champions NBA ! Je sais que je suis français, mais quand même ! Je n'enlève rien à Chris Paul, c'est un meneur incroyable et un pote à moi, en plus. Lui va dire qu'il était le meilleur et moi je vais dire que j'étais le meilleur. C'est normal, on est des compétiteurs. Mais sur cette période de trois ans, lui n'a même pas passé le premier tour des play-offs…

En tout cas, jamais je n'aurais imaginé être à un moment dans ma carrière le meilleur meneur du monde. C'est assez dingue en fait. Techniquement, il n'y a rien où je dominais vraiment : le shoot extérieur ? Non. Le dribble ? Non, je ne suis pas de la trempe de Kyrie Irving. Le seul truc, où tu pouvais me mettre numéro 1, avec Allen Iverson, c'était la vitesse. Pour le reste, j'ai dû progresser en tout. Mais au-delà de ça, il y a deux choses que tu ne pouvais pas m'enlever : mon cœur et ma tête. Ma détermination. C'est ce qui a fait la différence, je pense. C'est vrai que, quand tu regardes ma morphologie par rapport aux standards d'un joueur NBA, je ne ressemble à rien ! Un peu comme Tom Brady (*quarterback* star de NFL, MVP de 2007 à 2010), et pourtant, il faisait des trucs de dingue avec sa tête et son bras ! Eh bien moi, c'est avec ma tête et ma vitesse. Isiah Thomas a dit un jour dans *L'Équipe Magazine* que j'étais le Tom Brady de ma génération. C'est une belle phrase.

J'avais un jeu unique, fait pour réussir en NBA

Et cela me replonge loin en arrière. Quand je suis arrivé en NBA, je savais ce que les Américains pensaient des arrières et des meneurs européens, qu'ils ne pouvaient pas jouer en NBA, etc. J'ai pris ça un peu comme une responsabilité, en me disant que si je n'y arrivais pas, ils continueraient à le dire. J'ai pris ça comme un challenge et pour porter un peu la réputation de tous les meneurs européens. Je connaissais l'histoire de Drazen Petrovic, le premier Européen à réussir en NBA en tant qu'arrière, car c'était plus un deuxième arrière shooteur qu'un meneur. Il avait été All-Star en 1993, il était en train de monter très vite, malheureusement il a eu cet accident de la route. Il était un peu l'inspiration pour les arrières européens. C'était le premier à avoir réussi. À l'inverse, un meneur de légende en Europe, Sasha Djordjevic, n'avait pas réussi en NBA. Mais je savais que mon jeu serait plus adapté à la NBA que le sien. Je ne me suis pas dit : « Djordjevic n'a pas réussi, Rigaudeau n'a pas vraiment réussi, Mous Sonko (qui avait fait un essai non concluant à Vancouver en 2000) non plus, comme tous ceux passés avant moi, donc ça va être compliqué pour moi aussi. » Mon jeu était différent de ceux de tous ces gars-là. Il était unique, comme me l'ont dit beaucoup de coaches. Avec ma vitesse, je me suis dit que je pouvais réussir en NBA.

Pour moi, San Antonio était la franchise idéale par rapport à mon jeu. Même si j'aime la création, la vitesse, j'aime bien aussi que le jeu soit structuré. J'aime savoir où sont mes coéquipiers quand je pénètre, que ce ne soit pas trop freelance. Je n'ai jamais fantasmé sur un club où je pourrais faire ce que je veux ou shooter trente fois ! Ça aurait servi à quoi ? Très vite, j'ai pris conscience que partager avec Tim et Manu, tourner à 18-20 points avec une chance de gagner un titre était bien plus intéressant que mettre 27 ou 28 points de moyenne par saison et être éliminé à chaque fois au premier tour des play-offs. Par exemple, la carrière de Russell Westbrook, moi, elle ne m'intéresse pas. Ce n'est pas cela que je voulais faire.

J'ai conscience aujourd'hui de tous ces records battus, avec les Spurs. Je suis arrivé tellement jeune là-bas. En termes de précocité, sur les postes de meneur-arrière, tu ne peux me comparer qu'avec Magic Johnson et Kobe Bryant ! En nombre de titres, de points, de passes avant 25 ans, il n'y a que Kobe et Magic qui présentent des records comme les miens.

Une fois que tu es en NBA, que ton rêve est réalisé, que tu as, en plus, la chance de gagner un titre très tôt, il faut trouver d'autres objectifs pour rester motivé. Moi, ma motivation, c'était de marquer l'histoire de mon sport. Et avec les Spurs, je savais que j'avais de grandes chances de pouvoir le faire. Je n'ai pas de matches références, de souvenirs qui claquent comme ça dans ma tête. Mes meilleurs moments en NBA, ce sont mes quatre titres. Je n'ai pas une émotion, un truc particulier que j'ai gardé avec moi. Souvent, pendant la saison, tu vis un peu comme un robot. Il n'y a pas beaucoup d'émotions finalement : tu fais son job, tu sais où tu veux aller, tu sais que ça va être un long voyage. Ce n'est que quand tu gagnes le titre que tu laisses vraiment tes émotions sortir.

S'il fallait ressortir quelques moments précieux, il y a évidemment le jour où je suis drafté, où j'entends mon nom et je me vois monter sur l'estrade pour aller serrer la main de David Stern, patron de la NBA à l'époque ! Bien sûr, c'est un jour qui compte plus que d'autres. Il y a aussi des matches qui me collent plus que d'autres. Le match 6 de la finale de Conférence contre Dallas en 2003, où Steve Kerr prend feu, et où l'on se qualifie pour ma première finale NBA. Le match 3 de cette finale où je domine Jason Kidd. Je mets 26 points ce soir-là et, d'un coup, je me sens au top de la NBA. Le match 5 de la demi-finale de Conférence contre Phoenix en 2007, parce que l'on sait que si l'on gagne cette série, on va être champions ! Mais au milieu de tout cela, les gros moments, les moments forts, ce sont les titres. Là, tout se mélange, j'ai l'impression d'avoir accompli ma mission. Ces émotions sont difficiles à expliquer. Chaque saison a son histoire, son identité, ses images. Par exemple, l'arrivée de Michael Finley aux Spurs en 2006. Cette saison-là, on perd en play-offs contre Dallas sur le match 7. Dans le vestiaire, il a les larmes aux yeux et ça m'a fait vraiment mal au cœur. Moi, j'avais déjà gagné deux titres. Lui n'en avait jamais gagné un et il était venu à San Antonio pour ça. Alors, la saison suivante, 2006-2007, j'avais envie de gagner un titre pour lui. J'avais envie de le voir heureux, de pouvoir lui dire : « Tu as fait le bon choix en venant ici, tu as gagné un titre. » En 2003, quand je gagne le titre, je sais que je ne suis pas encore le joueur que je veux devenir. J'ai gagné un titre, c'est énorme, Duncan nous a portés, mais je peux encore devenir meilleur. Pour qu'une carrière soit complète, il faut les deux : le succès collectif et l'épanouissement individuel. Pour gagner d'autres titres auprès de Duncan, je savais que Manu et moi, nous devions devenir des stars.

Fier d'avoir contribué à changer les mentalités

À San Antonio, je suis arrivé tellement jeune que les fans m'ont vu un peu comme leur fils. J'ai été adopté très vite et j'ai tout de suite senti beaucoup d'amour. Ça m'a surpris. Je jouais à Paris, il n'y avait pas de public et je n'avais jamais ressenti ça, un public qui t'aime, qui est derrière toi, qui vis pour les résultats des Spurs. Aujourd'hui, j'ai tissé des relations de quinze ans avec des spectateurs, des entrepreneurs qui étaient dans la salle ! J'ai organisé pendant quelques années des tournois de poker à la maison et pas mal de fans sont venus jouer chez moi ! On est le seul sport pro de la ville donc, où qu'on aille, ils sont fans des Spurs. Il y a un lien spécial entre les Spurs et la ville de San Antonio. À Charlotte, où j'ai joué ma dernière saison en NBA, ça n'avait rien à voir.

Avec Dirk Nowitzki et Pau Gasol, je pense qu'on a ouvert les frontières. Après nous, les mentalités des Américains ont changé et tout le monde voulait des Européens dans son équipe, le futur Dirk, le futur Pau, le futur Tony ! Ça a explosé à un point incroyable. Je me souviens de Tskitishvili, 5e choix de la draft en 2002. Pourquoi ? On ne peut pas dire que c'était le meilleur ! Mais tout le monde voulait un Européen, c'était devenu à la mode. Et aujourd'hui, il y a plus de quatre-vingts joueurs internationaux en NBA, venus du monde entier. Alors oui, c'est une petite fierté d'avoir participé à cela. Avec Dirk et Pau on a réussi à faire bouger les lignes. Maintenant, ce n'est plus un problème de prendre un meneur européen, tu as Dragic, Donkic, Rubio, Calderon... Alors que pour moi, c'était un pari de malade. Ce n'était pas normal, il y en avait zéro !

Ma terrible blessure

J'ai souvent répété combien j'ai été béni tout au long de ma carrière. Mais je n'ai pas échappé à la blessure quand même. C'est le 2 mai 2017, on reçoit Houston en demi-finale de Conférence pour le deuxième match de la série. Je suis en pleine bourre à ce moment-là, je fais des gros play-offs, je retrouve mes sensations et même, Pop annonce des systèmes pour moi sur ces play-offs ! Ça se passait très bien. On est dans le quatrième quart-temps, je vais pour faire mon tear drop, un tir que j'ai fait cinquante mille fois avant et, en montant en l'air, je sens que je me suis blessé. En fait, c'est quand je plante l'appui. C'est pour ça aussi que je rate le tear drop, parce que je lâche la balle, je regarde ma jambe et je sens que j'ai quelque chose. Mais quand je tombe, je ne me rends pas compte que c'est grave. Je me dis : « C'est bizarre, est-ce que je me suis tordu le genou, étiré un muscle ?

Putain ! si je me suis étiré un muscle, je vais être out trois semaines, je ne vais pas être en forme pour les finales de Conférence ! » Rapidement, je vois que je ne peux pas bouger la jambe, mais je ne suis toujours pas inquiet. Comme je n'ai pas mal au genou, je sais que je ne me suis pas fait les ligaments croisés, donc pour moi, c'est OK. Pour moi, les croisés et le tendon d'Achille sont les deux blessures les plus graves que tu peux avoir au basket. Seulement, quand deux de mes coéquipiers me soulèvent du sol et que je m'appuie sur leurs épaules, je ne peux toujours pas marcher ! Alors, ils me portent jusqu'au banc de touche, puis on m'emmène au vestiaire en chaise roulante, jusqu'à la table du kiné. Là, quand le médecin regarde ma jambe, il voit que j'ai un vide, comme un trou sous la peau, juste au-dessus du genou. Mon tendon a cédé et il est remonté en haut de la cuisse ! Je n'avais plus rien qui tenait ma jambe, rien qui me permettait d'être debout, qui pouvait me faire marcher. Je ne pouvais même pas faire une extension de quelques millimètres. J'étais paralysé. Là, je lis sur le visage du doc que c'est grave.

— Qu'est-ce qu'il y a, doc ?

— Tu n'as plus de tendon !

— OK, et... c'est quoi ?

— Je crois que tu as fait une rupture de ton tendon du quadriceps gauche.

— C'est combien de temps ça, un mois ?

— Tu ne te rends pas compte, Tony, c'est ce qui tient toute ta jambe. C'est plus grave que le tendon d'Achille ! C'est dix mois.

Je commence à avoir les larmes aux yeux, je ne sais pas quoi dire, je mesure sans mesurer vraiment. Tout de suite, il me prévient, il faut que je me prépare à une longue rééducation.

— Tu vas être paralysé pendant trois semaines, tu ne pourras pas du tout bouger ta jambe.

OK, ça va être long, mais je vais revenir de toute façon ?

— Pas sûr…

Sur le moment, je ne le crois pas. Pour moi, je vais revenir, c'est impossible autrement, impossible que je finisse ma carrière comme ça et que je ne joue plus jamais. Je lui demande si je dois me faire opérer.

— Bah ! oui, tu n'as plus de tendon ! Il faut que tu te fasses opérer dans les quarante-huit heures, tu as une rupture complète. Tu as vingt-quatre heures pour voir si tu veux faire ça avec nous ou prendre conseil auprès d'un autre médecin.

— Ça fait dix-sept ans que je suis ici, je fais ça avec vous, je vous fais confiance. Tu es capable de faire une opération comme ça, alors OK ! je n'ai pas besoin de parler à quelqu'un d'autre.

Sur le moment, tout le monde est choqué. Je n'ai jamais été blessé de toute ma carrière, ils n'ont pas l'habitude de me voir comme ça. Et puis, personne ne comprend vraiment ma blessure. C'est quoi ça, rupture du tendon du quadriceps ? Pop est au bord des larmes, il me serre fort : « *I'm so sorry, I'm so sorry, it's my fault.* » Il a l'impression qu'il aurait pu me sortir, me faire moins jouer. Je le rassure :

— Personne ne pouvait prévoir ça et tu m'as reposé toute la saison régulière ! Ce n'est pas de ta faute, ça fait partie du jeu, c'est comme ça.

Cinq minutes après le diagnostic dans le vestiaire, j'ai basculé. Il faut être positif, la moitié de la rééducation, c'est dans la tête. Je vais revenir, ça va être long, il va falloir que je sois patient, mais je ne peux pas finir comme ça. On quitte le stade, très tard. C'est Axelle qui ramène la voiture. Durant le trajet, elle est triste pour moi, je sens son inquiétude. Quand tu ne connais pas précisément la gravité de la blessure, tu te poses les questions les plus basiques. Si tu vas remarcher normalement, si tu vas boiter, si tu vas pouvoir refaire du sport un jour... On était tous un peu dans ce doute-là. Le lendemain, on a fait une IRM de contrôle pour s'assurer du diagnostic. Le doc était sûr, mais moi j'espérais encore qu'il se trompe... Mais bon ! en même temps, j'avais beau me dire ça, je ne pouvais pas du tout bouger ma jambe ! Axelle m'aidait à porter ma jambe pour que j'aille aux toilettes. Je ne pouvais rien faire tout seul. Et ça allait durer trois semaines.

Je me fais donc opérer deux jours après. L'opération a duré une heure, ils m'ont rattaché le tendon. Je suis sorti de l'hôpital dans la foulée. Axelle m'a ramené à la maison, avec ma botte, une énorme attelle qui englobe toute la jambe. « Titi » Henry est venu passer quelques jours à San Antonio juste pour s'assurer que j'allais bien, pour me soutenir. Le soir, c'est lui qui m'aidait à aller aux toilettes !

Aujourd'hui, ma jambe n'est plus comme avant et elle ne le sera plus jamais. Tendre ma jambe gauche me demande plus d'effort que pour la droite. Quand je me lève le matin, je sens qu'il y a moins de force. Je vais devoir travailler dessus et faire du sport jusqu'à la fin de ma vie, parce que sinon cela me fait un peu mal. J'ai des séquelles. Mais au moins, ça va me forcer à m'entretenir. Moi qui suis si gourmand… si je repense à ma blessure, je me dis finalement que la vie est bien faite, ça va me forcer à faire du sport, donc m'empêcher de trop grossir.

Quand j'apprends que l'opération s'est super bien passée, je suis positif. Mais, il n'y a pas de doute, la route va être longue, il va falloir être patient et bien respecter le protocole. Pour moi, le plus long, ça a été les trois premières semaines. Je ne pouvais pas du tout bouger ma jambe. Sur les premières semaines, il s'agissait de gagner simplement quelques degrés, pouvoir lever la jambe de quelques centimètres seulement. Les dix premiers jours, j'avais encore les agrafes et tous les pansements, ma jambe avait tellement gonflé que je ne pouvais rien faire. Au bout de dix jours, on a enlevé les agrafes : OK ! première victoire !

Le premier gros bonheur, ça a été quand j'ai pu soulever ma jambe d'un centimètre, à peine plus. J'ai mis toutes mes forces pour y parvenir, mais j'étais tellement heureux, j'en avais les larmes aux yeux. Ma jambe revivait, elle rebougeait ! Ça m'a pris trois semaines. Les dix jours précédents, j'avais beau me concentrer comme un dingue pour essayer de monter ma jambe, elle ne bougeait pas. J'étais frustré : « Mais pourquoi elle ne bouge pas ? » Le kiné me rassurait, me disait de ne pas m'inquiéter, de continuer à pousser. Alors je poussais. Mais si on n'a jamais eu de blessure, quand on veut juste soulever sa jambe d'un centimètre et qu'on n'y arrive pas, c'est difficile à comprendre. Mon entourage était très inquiet. Quand tu as l'habitude de voir ton frère, ton ami, être Superman, une machine de guerre, qui tout à coup ne peut plus rien faire tout seul, ça fait bizarre. Je les rassurais : « On va revenir. »

Une longue rééducation

En fait, tout ce long processus a été une succession de petites victoires. Les trois premiers mois, je reste à San Antonio pour ma rééducation, avant de revenir en France. La rééducation débute au bout de quatre semaines, mais je ne peux vraiment pas faire grand-chose. Au début, j'essaie de plier la jambe de quelques centimètres, tous les jours, un petit peu. Mais ça bloque vite. Les progrès sont infimes d'abord. Sur la journée, je fais cet exercice trois fois vingt minutes et le reste du temps, il faut que je laisse au repos. Au bout d'un mois et demi, je peux enfin poser le pied par terre. Un jour, à l'ASVEL, Yoann Casin, le kiné de l'équipe de France, me dit :

— Tony, ça va être chaud, ça va être long !

— Ne t'inquiète pas, ça va revenir.

J'avais booké mes vacances, mes deux semaines sur un bateau comme je le fais tous les étés. Je dis aux Spurs que je ne peux pas les annuler, j'ai déjà payé ! Le staff du club m'a alors proposé de m'envoyer quelqu'un qui soit avec moi tous les jours sur le bateau. C'est comme ça que Marylin est venue deux semaines sur le bateau, avec nous en vacances gratuites ! Elle était trop contente. On est allés à Saint-Tropez, en Corse, à Monte-Carlo. Elle n'avait jamais fait ça de sa vie, sur un yacht privé, avec un chef qui cuisine pour toi tous les jours, elle était ravie.

Sur le bateau, je ne pouvais « travailler » que le matin. Le reste de la journée, il fallait que ma jambe soit au repos. On est à environ quatre mois de l'opération et, bien évidemment, je ne peux toujours pas courir ni sauter. Mais je peux me déplacer, du moins marcher tranquillement. Tous les matins, je me levais à 7 heures et, avec Marylin, on allait marcher, pendant une heure, parfois deux. On descendait du bateau et on allait se promener dans la ville, aux alentours, sur des sentiers pas trop escarpés. Il était tôt, c'était silencieux, paisible. Je me souviens d'une ballade, en Corse, du côté de Bonifacio. On était restés deux jours là-bas. Le paysage, les falaises, au petit matin, c'était magnifique. On faisait des longues promenades, pour réhabituer mon cerveau à ce mouvement et remuscler la jambe. Je n'ai jamais autant marché de ma vie qu'à cette période ! Et pourtant, à la base, je n'aime pas trop ça. J'y ai pris goût. Aujourd'hui, j'aime toujours me lever tôt et aller marcher autour de chez moi. J'ai appris à apprécier ces moments de calme, le silence, le plaisir de découvrir la nature qui s'éveille. C'est même devenu mon petit rituel maintenant. Avant, je ne faisais jamais cela. Malgré la blessure, c'était sympa de prendre un peu le temps, de parler de la vie. Ma vie avait toujours été en accéléré et là, de toute façon, je ne risquais pas d'aller très vite ! J'avais du temps.

Le plus dur pour moi, c'était les escaliers. Un truc qui m'aurait pris deux minutes en temps normal, je mettais vingt minutes à le faire. Un jour à Saint-Trop, pour monter en haut de la ville et admirer le panorama, je n'ai pas pu monter les escaliers tout seul. Le simple fait de lever la jambe pour atteindre la marche suivante, ça me demandait un effort surhumain. J'étais en sueur, un truc de malade. Mais le pire, c'était pour redescendre. La simple petite flexion me faisait trembler tout le corps. Ce jour-là, en voyant les difficultés que j'avais pour seulement descendre une marche, j'ai réalisé que j'avais une longue route avant de pouvoir rejouer au basket.

Après ces marches matinales, on retournait sur le bateau et je faisais ma petite muscu. Des trucs simples, avec des petits poids, du travail d'extension, du travail sur la cheville, etc. Ensuite, Marylin me dispensait quelques soins, elle travaillait sur ma cicatrice, pendant au moins quarante-cinq minutes, pour assouplir la zone opérée. Tous les jours, c'était un travail fastidieux pour elle. Puis il y avait massage, étirements et après le lunch, j'étais libre ! Mais bon, je ne pouvais pas faire grand-chose de toute façon. Quand mes amis partaient en jet-ski, je n'y avais pas droit ! C'était quand même super appréciable de pouvoir faire sa rééducation dans de telles conditions, au milieu de ces paysages de rêve. Ça te met dans un état d'esprit positif. Ce n'est pas la fin de la vie. Cette blessure m'a vraiment fait voir les choses autrement. Elle m'a permis d'apprécier plus encore les plaisirs simples de la vie.

Réhab sur la Grande Muraille de Chine

Deux semaines environ après les vacances, je vais en Chine. J'ai des obligations vis-à-vis de mes partenaires et je ne veux pas annuler. Je commence un peu à trottiner, à monter les marches un peu plus vite, enfin ! Là-bas, je rejoignais le site de la Grande Muraille pour faire mes entraînements en montant les escaliers ! C'est en Chine que je commence à apercevoir un peu la lumière au bout du tunnel. Je marche sans boiter. Le plus dur, c'est de réhabituer ton cerveau à ces mouvements. Une fois qu'il redonne les bonnes infos à ton corps, à ta jambe, tu sais que ça avance. Cela a mis longtemps à revenir. D'ailleurs, durant trois semaines, avant mes vacances, j'ai fait des séances avec des petites électrodes sur la tête pour stimuler cette connexion. En Chine, je suis à cinq mois postopératoire, ce n'est pas mal. Je sais que ce n'est plus qu'une question de temps maintenant, avant que je puisse à nouveau courir, faire des pas chassés, avant que je puisse enfin rejouer au basket.

À mon retour à San Antonio, le travail de kiné change et le préparateur physique des Spurs prend le relais. Tous les jours, je fais de la muscu, je ne fais pas encore de basket. La charge n'est pas très lourde, c'est juste dans la continuité, pour réhabituer mon corps. Je fais du stretch aussi pour retrouver de la flexibilité. Sur cette période, le plus dur aussi pour moi, c'est de faire attention à la nourriture ! C'est l'été, les vacances. Les premiers jours, comme je ne peux pas bouger du tout, il faut vraiment faire attention à ce que je mange. Ce n'était pas facile. Mais j'ai été sérieux. J'étais déterminé, je voulais vraiment revenir et je savais que ça, c'était un point crucial. Ma kiné me l'avait dit : « Tu peux tout faire bien dans ta rééduc, mais si tu manges beaucoup, ça ne sera pas bon ! » Je ne voulais pas gâcher tout le travail que je faisais avec la nourriture.

Sur le camp d'entraînement des Spurs, fin septembre, je ne fais rien, mais je suis là, je regarde. Me retrouver avec eux, partager un exercice, revenir dans le groupe, c'est du pur plaisir.

Je reprends l'entraînement un mois seulement avant de reprendre la compétition, donc sept mois après la blessure. Je ne me sens pas trop mal, mais j'ai besoin de travailler la condition physique, le rythme, l'endurance, le cardio. Chaque jour, je sens que c'est de mieux en mieux. C'est un sentiment immense, l'impression de se retrouver.

Les premiers jours, je travaille tout seul. Le simple fait de poser un ou deux dribbles et shooter, c'est un bonheur. Mais il faut se réhabituer à tout, chaque mouvement est dur au début. Pendant la première semaine, il y a aussi l'appréhension. Chaque nouveau geste, chaque nouvelle situation, tu ne sais pas comment tu vas faire. Mais au bout d'une semaine, je me suis dit que, de toute façon, je ne pouvais pas contrôler la blessure. Si je devais me reblesser, eh bien ! je me reblesserai ! Une fois dans cet état d'esprit, après c'est parti, assez vite.

Tout le monde dans l'équipe était content de me revoir et avait hâte que je revienne. J'ai loupé les vingt premiers matches de la saison. Et sur le premier match de mon retour, le 27 novembre 2017 à domicile face à Dallas, Popovich me remet directement dans le cinq de départ, comme si les choses reprenaient un cours normal. Le public m'accueille magnifiquement. C'était un peu comme si rien n'avait changé. Je suis *back in business* ! C'était une belle soirée. Je vis ce moment comme une ultime victoire. J'ai réussi à surmonter cette épreuve. Je ne voulais pas terminer là-dessus, sur une blessure. Une nouvelle fois, je ne suis pas rattrapé par l'émotion. Je suis juste content. Sur le match, je n'ai aucune prudence, pas d'appréhension, je joue normalement. Je n'étais pas à 100 %, mais je me sentais bien. J'étais revenu. Après, je savais très bien que ma jambe n'était plus comme avant et que je ne serai plus jamais comme avant, que je ne pourrai plus jouer comme avant, que surtout je ne pourrai plus enchaîner deux matches en deux jours, car ma jambe avait besoin désormais de beaucoup plus de repos. J'avais eu le temps de me faire à l'idée. Je pouvais assurer un certain minimum. Pop s'en doutait. De toute façon, je vieillissais, il s'était préparé à ma sortie en faisant venir de jeunes meneurs. Il fallait élaborer un plan pour la relève de toute façon.

Pop me sort doucement du banc

À mon retour sur le parquet, je joue mais je ne suis pas encore moi-même. Je le sais. Le docteur m'avait prévenu : « Tu ne reviendras vraiment pleinement que l'année d'après. » Ensuite, avec les objectifs toujours élevés des Spurs, je savais que je n'étais pas encore au niveau. Je sens bien que je ne peux pas faire la différence, j'en suis même loin. Je le vis bien, je sais qu'il faut du temps. Je pouvais à peine marcher quatre mois plus tôt ! Je ne me suis pas mis de pression. J'ai déjà tout gagné dans ma carrière, mon corps a pris un coup. Il faut l'accepter. C'est sûrement le résultat de tout ce que j'ai donné avant, toutes ces saisons, tous ces étés, où je ne me reposais pas beaucoup. Mon corps a un peu craqué sur la fin.

Quand Pop vient me voir après une vingtaine de matches pour m'expliquer que, à bientôt 36 ans maintenant, c'est peut-être mieux que je sorte du banc, comme Manu avant, que c'est le moment de faire la transition, je le comprends. J'en étais conscient. Je savais que je n'étais plus moi-même.

Je le prends bien. Je sais qu'il est temps. À un moment donné, il ne faut pas se mentir à soi-même. Tu le sais, quand tu n'es plus le même joueur. Et je n'étais plus le même joueur, c'est tout. Pour moi, c'était une transition normale de sortir du banc. La suite logique. Et puis, ça m'expose un peu moins. Je peux revenir tranquillement à un niveau respectable. J'ai fini la saison comme ça. Avec l'objectif de bien travailler sur ma jambe tout l'été, faire de la musculation et revenir à un bon niveau la saison suivante. Je sais que je ne pourrai pas enchaîner les matches, mais je sais que je peux jouer à un niveau correct. Mieux que ce que je n'étais là. Mais je sens vite que Pop est hésitant : « On veut absolument te garder, on veut que tu finisses ta carrière à San Antonio, mais tu vas avoir 37 ans et on préfère que tu sois troisième meneur, un peu le vétéran, et que tu prennes les jeunes sous ton aile. »

Je suis en France, il m'explique tout ça au téléphone, début juillet 2018, à l'ouverture des négociations pour les joueurs libres, dont je fais partie. Je lui réponds : « Non, je veux être deuxième meneur. Le doc m'a dit que j'allais être mieux. Être vétéran, prendre les jeunes sous mon aile, ça, je le ferai naturellement. Mais de ne jamais jouer, franchement, Pop je ne peux pas faire ça, je ne peux pas terminer comme ça. Troisième meneur, c'est non. Si Charlotte me fait une offre, je ne reviendrai pas vers toi pour savoir si vous voulez la matcher. S'ils me font une offre, je la prends et je pars. »

Avant de m'engager avec Charlotte, j'ai demandé à Axelle :

— Si tu veux vraiment que je reste à San Antonio, je le fais. Je le fais pour notre couple, notre famille. Je prends sur moi, je suis troisième meneur, je reste sur le banc, mais je suis là, avec vous. Je suis là pour toi, pour les enfants. Si tu veux vraiment que je reste, je reste.

J'ai tout gagné dans ma carrière, je n'ai plus rien à prouver. Même si moi, j'en ai envie de cette dernière année de jeu, ça ne peut pas aller au-dessus de notre famille. Mais Axelle m'a dit :

— Non, va à Charlotte, je m'occuperai de la famille. J'ai envie que tu finisses de la meilleure manière pour toi. Éclate-toi, fais une grosse saison, rentabilise tous ces sacrifices, fais ça bien.

Le soutien d'Axelle était l'élément capital. Cette fois, c'était bon, je pouvais dire : « Allez, j'y vais ! » Avant d'avoir son aval, bien sûr que j'hésitais. Rester à San Antonio, faire toute sa carrière dans le même club, ça veut dire quelque chose, ça vaut le coup, même si je ne joue pas sur ma dernière année. C'est tout de même beau et rare. Et même une année sans jouer, ça n'allait pas changer ma *legacy*, comme disent les Américains.

Pop m'a demandé si j'étais sûr de ma décision, j'ai dit : « Oui, je ne veux pas de ce rôle-là. » Pop n'a pas voulu changer de position et j'ai décidé de partir. Après, les 4 millions qu'il propose je m'en fous. Je pense même qu'ils auraient fait l'effort de s'aligner sur la proposition de Charlotte (5 millions). Mais c'est le rôle que je ne voulais pas.

Je ne voulais pas être sur le banc à tous les matches et ne pas jouer. Je voulais montrer que j'en avais encore sous la semelle, que j'étais toujours capable d'apporter quelque chose.

En fait, je ne sais pas, réellement, et je ne le saurai sans doute jamais, si Pop pensait vraiment que j'allais partir. Je pense que Pop et RC Buford, le manager général, n'y ont pas vraiment cru. Et puis Charlotte m'a fait une offre et je suis parti. Pop était un peu triste, mais il me comprenait.

C'était difficile à vivre, je ne vais pas le cacher. J'avais vraiment envie de terminer avec les Spurs, de faire toute ma carrière dans ce club. Pour moi, c'était quelque chose de rare et de beau. Après, je sais que c'est un business. Comme je le dis souvent, tout arrive pour une raison et mon destin devait être de terminer ma carrière à Charlotte. C'est Pop qui m'annonce, au téléphone, que les Spurs ne renchériront pas sur la proposition de Charlotte. Quand on est à la tête d'un club, il y a parfois des décisions pas faciles à prendre. Mais je pouvais me mettre à sa place. Moi aussi je suis à la tête d'un club, je sais ce que c'est. Il m'a dit qu'il m'aimerait toujours, que j'étais un *Spurs Legend*. Quand je raccroche le téléphone, c'est vraiment bizarre. Je me demande si je l'ai vraiment fait... Après, c'est la vie ! Et je me dis qu'avec Nico Batum, ça va être sympa, on va jouer ensemble et resserrer nos liens business sur l'ASVEL. Et puis, il y a Jordan et « coach JB », James Borrego. JB sait comment ça se passe avec les Spurs, il va bien s'occuper de moi.

Dernier tour de piste à Charlotte

Cette dernière saison à Charlotte, j'étais super excité de l'attaquer. C'est une nouvelle aventure qui commence, j'ai envie de faire une grosse saison. C'est un changement de vie radical. J'ai pris un appartement dans le centre-ville pour ne pas être loin de la salle. Si je fais le sacrifice de ne pas voir ma famille pendant sept, huit mois, autant rentabiliser sur le terrain et faire les choses sérieusement. Et je crois que j'ai réussi à faire ce que j'avais envie de faire sur cette dernière année de carrière.

Pourtant, c'est un choc au début. Quand tu arrives et que tu ne sais pas où est la salle, les vestiaires, quelle est ta place dans le vestiaire ! Dans l'équipe, ce ne sont que des jeunes, rien à voir avec l'équipe des Spurs, ce n'est pas une équipe de vétérans. Les sujets de conversation sont différents, tout est différent. Mais je m'adapte vite, je suis très sociable et je parle avec tout le monde. Je me suis fondu très vite et j'étais dans un super bon groupe. Les joueurs étaient sympas, avec l'envie d'apprendre. Je venais des Spurs donc ils me regardaient tous avec un grand respect, ils questionnaient beaucoup.

Pourtant, le premier entraînement collectif avec eux, au mois d'août, je le stoppe au bout de cinq minutes ! Ce n'était pas discipliné du tout, ils faisaient un peu n'importe quoi. Je les réunis et je leur dis : « Les gars, si on joue comme ça, c'est sûr qu'on n'ira pas en play-offs. On ne va pas en gagner beaucoup, des matches, en jouant comme ça. Pour être une bonne équipe, il faut prendre les bonnes habitudes tout de suite ! » J'ai pris le leadership de cette équipe. JB était satisfait. Je crois que je l'ai beaucoup aidé pour sa première année de coach principal, ce n'était pas facile pour lui.

J'ai signé 1 + 1 parce que je sais, dès le départ, que je ne suis pas sûr de faire la deuxième saison. Je signe en sachant cela et même, pour être totalement honnête, au moment où je signe, je sais déjà qu'il y a plus de chances pour que je ne la fasse pas. Je savais que ce serait dur pour ma famille. Je me dis : « Je fais un an, je vois comment ça se passe. » Mais je sais presque déjà que je ne vais pas faire la deuxième année... Ensuite, le fait que la première année soit compliquée sportivement, que l'on ne fasse pas les play-offs, c'est clair que ça n'a pas aidé non plus. J'ai toujours joué au basket pour gagner des titres. Chaque année commencée avec les Spurs, j'avais le sentiment qu'on avait une chance de gagner le titre. À Charlotte en 2018, c'est la première fois que je commence une saison en sachant que l'on a zéro chance de gagner ! Et vu l'équipe, si on arrive à faire les play-offs, ce serait déjà un putain de truc. Mais on n'y est pas arrivés.

Ensuite, quand je mets tout dans la balance, le bonheur de ma famille, de mes enfants, est plus important pour moi que les sept, huit millions que j'aurais pu gagner en jouant une saison supplémentaire en NBA. Au moment de prendre la décision, je sais que mes conseillers veulent que je fasse cette dernière année, parce que j'ai des contrats avec des partenaires qui ne s'enclenchent que si je joue. Mais je vais aller contre leur avis. Je suis heureux comme ça, j'ai fait ce que j'avais à faire. Je ne changerais en rien ma carrière, rien du tout. Si je me sens comme ça, c'est que je peux prendre ma retraite, je suis paisible, heureux. Alors pourquoi faire une année de plus, loin de ma famille ? Ça ne sert à rien. Et puis, physiquement, c'est dur aussi ! De plus en plus pour moi. Et je n'ai pas envie de faire une saison où je ne suis pas bien, où je me blesse. Tu imagines, tu te fais un tendon d'Achille ou un genou ? C'est horrible comme fin ! Physiquement, je sentais que j'arrivais au bout aussi.

Le retour à San Antonio sous le maillot des Hornets

L'élément qui va me conforter dans mon choix, dans ma décision de ne faire qu'un an à Charlotte, c'est mon retour à San Antonio le 15 janvier 2019. On vient jouer contre les Spurs, je porte le survêtement et le maillot de Charlotte et je reçois un accueil incroyable du public, qui me submerge et me rappelle que ma carrière en NBA est ici et nulle part ailleurs. À partir de cet instant, je sais que je ne ferai pas ma deuxième année. Le soir, après le match, j'ai eu une longue discussion avec Axelle. Cela faisait sept mois que j'étais parti. Et ce match à San Antonio m'a rendu très nostalgique.

Peu de temps après, en février, pendant le break du All-Star Game, je passe une semaine à la maison, sans basket, et ça se passe super bien. Je me dis que j'aime bien ma vie aussi comme ça. Et là, j'étais sûr. Et puis, refermer le grand livre sur une saison avec Michael Jordan comme big boss, ce n'est pas anodin non plus. C'est boucler la boucle, c'était mon idole, celui qui était placardé dans ma chambre d'enfant, celui qui m'a inspiré. Même s'il n'a pas été très présent sur cette saison, il a été là, sur quelques entraînements, il a fait quelques shoots avec nous, une ou deux séances vidéo. Il a été naturel. Il adore toujours parler basket. On se textait parfois après les matches. J'étais le vétéran, il venait vers moi pour prendre parfois le pouls de l'équipe.

J'ai pris du plaisir dans cette dernière aventure. Je fais une meilleure saison que l'année précédente. Un mini-come-back on va dire ! Je fais quelques grosses perfs, des matches un peu vintage, à l'ancienne, à plus de 20 points et je me dis que le vin que j'ai bu la veille devait être bon car ce soir-là je n'ai mal nulle part ! À chaque fois que je sortais un match vintage, j'avais Pop et RC Buford qui me téléphonaient, les coaches des Spurs qui me textaient. Ils m'ont suivi, ils m'ont soutenu toute la saison. Quand je mets 24 points contre Miami lors du septième match de la saison, Pop m'appelle et me dit en rigolant : « Ah ! oui, quand même… » J'établis encore quelques records, je grappille quelques places aux classements des meilleurs marqueurs et meilleurs passeurs de l'histoire. C'est une saison où je prends un réel plaisir.

Même sur la fin, j'étais là

Il n'y a aucun regret d'avoir fini ma carrière comme ça, sans jouer le dernier mois de la saison régulière. Aucun. Jouer pour quoi ? On n'allait pas se qualifier pour les play-offs. Mi-mars, il reste douze matches, on a cinq victoires de retard ! On a eu de la chance, certes. D'un seul coup, les jeunes de chez nous battent Boston, alors qu'on avait 18 points de retard dans le dernier quart-temps ! Il y a le shoot miraculeux de la victoire de Jeremy Lamb à Toronto ! Tout ça, on ne peut pas le prévoir. Sur les derniers matches, on a finalement encore une chance, mais on n'avait toujours pas notre destin en main. Et puis, ce n'est même pas ma décision. À la mi-mars, à un mois de la fin de la saison régulière, le coach me dit :

— TP, on n'a vraiment peu de chances de faire les play-offs et je sais que dans ces conditions, toi, tu ne vas pas vraiment être motivé pour jouer... Je veux faire jouer les jeunes, qu'est-ce que tu en penses ?

— Ouais, c'est une bonne idée. Mais si on fait les play-offs, je reviens, OK ?

C'était le deal. On était vraiment loin au classement, il veut faire jouer les jeunes, je respecte. Ensuite, c'est une dynamique qui s'enclenche. Les jeunes jouent bien, donc tu continues avec eux.

Moi, pendant ce temps, je restais en forme, je continuais à m'entraîner. Finir ma carrière comme ça, un mois avant la fin de la saison régulière, parce qu'on ne s'est pas qualifiés pour les play-offs, franchement je m'en fous. J'ai montré sur la saison que j'étais là.

Très vite, très tôt, j'ai voulu marquer l'histoire de mon sport. C'est ce qui m'a motivé. Le fait de le revendiquer très tôt, ça m'a donné un but, ça m'a porté longtemps. C'est tellement dur pour les athlètes de rester motivé une fois champion, arrivé en haut. La longévité au top de ma carrière, je crois que c'est cela qui sera le plus compliqué à atteindre pour le prochain grand basketteur français. Ce n'est pas tant d'être champion NBA. J'espère bien qu'il y aura un autre Français champion NBA et All-Star. Je le souhaite pour le basket français. Mais là où ce sera dur de m'attraper, c'est sur la longévité. Jouer vingt saisons pros, gagner quatre titres NBA et rester aussi longtemps au top. Les gens vont s'en rendre compte maintenant que je ne suis plus là et qu'ils vont regarder les jeunes, les Evan Fournier, les Rudy Gobert, leurs matches de play-offs. Ils vont comprendre combien c'est dur de bien jouer en play-offs.

Le public, à un moment donné, pensait presque que c'était facile de mettre 20 points dans un match de play-offs, de gagner une série ou d'être MVP des Finals. « C'est Tony Parker, c'est normal qu'il fasse ça. » Mais c'est super dur ! Je figure quand même dans le Top 10 de l'histoire des marqueurs et passeurs en play-offs ! Bien sûr que c'est une grosse fierté. Je ne pense pas qu'il y aura beaucoup de joueurs français qui iront au *Hall of Fame*, le panthéon de la NBA.

Le fait d'arrêter ne m'a pas bouleversé plus que ça. Je suis même sûr qu'il n'y aura pas de manque. Ma jambe ne sera plus jamais la même, je ne pourrai plus jamais être Tony Parker, donc ça ne m'intéressait plus de continuer. Jouer pour le fun, pas de problème, j'y jouerai, je suis passionné. Mais la compétition, la NBA, ça ne va pas me manquer.

Je serai toujours nostalgique en repensant à nos années Spurs. On en parle souvent avec Tim. On est conscients que rien ne pourra plus être pareil. Mais on ne peut rien y faire. Maintenant, il faut juste que l'on profite de notre vie et de tout ce que l'on a accompli. Je suis heureux et apaisé. Me retrouver chez moi, à San Antonio, enfin passer du temps avec tous les gens que je ne peux jamais voir. Entre la présaison, la saison, l'équipe de France l'été, tout allait tellement vite. J'ai hâte de pouvoir commencer à faire des choses que j'ai toujours voulu faire. Skier, voyager, faire un safari, aller à l'Open d'Australie… J'ai plein de trucs que je veux faire et que je n'ai jamais pu. De fin septembre à début mai ou début juin, je n'ai jamais été en France pendant dix-huit ans. J'ai juste envie de vivre un hiver là-bas. C'est un truc simple mais il y a si longtemps que je n'ai pas pu le faire.

La NBA, je vais la suivre, bien sûr. Un de mes rêves est de faire partie, un jour, d'un club NBA. Un rêve lointain. Mais il faut avoir des rêves. Être actionnaire minoritaire dans une franchise NBA. Ça, c'est un joli rêve. Propriétaire, non, vu les sommes et les valeurs des franchises aujourd'hui, c'est impossible ! Mais avoir un pied dedans, oui, ça me dirait bien. J'ai raccroché mais je ne décroche pas.

À Josh et Liam, quand ils seront en âge de vouloir savoir ce que j'ai fait dans cette partie de ma vie, je leur dirai de lire ce livre. Quand ils seront plus grands, un peu plus en mesure de réaliser, je pourrai leur parler de ma carrière. Pour l'instant, je les laisse grandir, profiter de leur enfance. Josh est plus baseball pour l'instant, et Liam, c'est le piano.

MON ÉQUIPE DE FRANCE

L'équipe de France, c'est une longue histoire, mais surtout une grande histoire d'amour. J'y suis revenu, sans cesse. J'étais déterminé. Pour moi, la plus belle histoire, la meilleure anecdote pour résumer cela, mon attachement à ce maillot, c'est le jour de la finale de l'Euro 2013. Je suis dans ma chambre d'hôtel le matin, à quelques heures du match. J'ai hâte que l'heure arrive, mais je suis calme. Je lis les commentaires, je parcours un peu les journaux. Mais je reçois tellement de textos que j'ai du mal à me concentrer sur ce que je lis. Et, à chaque fois que j'en ouvre un, je sens monter les larmes. Il y a tellement d'attentes, tellement d'espoirs dans ces messages ! Cela fait des années, plus de dix ans, que je me bats pour gagner avec cette équipe et là, tout à coup, je réalise à quel point cela me tient à cœur. Je ne parviens pas à contrôler mes émotions. Ce jour-là, dans ma chambre d'hôtel, je me dis que c'est peut-être ma dernière chance de gagner un titre avec l'équipe de France. Je lis tous ces mots qui arrivent et ça sort tout seul.

Les gens voulaient tellement que je gagne avec l'équipe de France ! Ils m'écrivaient que je le méritais, qu'à force de revenir tous les étés, j'allais finir par être récompensé. Ce matin-là, dans ma chambre, je me dis qu'on ne peut pas perdre le soir. Toute cette motivation, toute cette rage, toutes les compétitions que j'ai faites avec l'équipe de France, revenir tous les étés, etc., ça a fini par se concrétiser.

S'il fallait dater le début de l'histoire, je remonterais jusqu'à l'Euro Cadets 1997. Ce sont mes premières larmes, ma première tristesse en équipe de France. J'ai 15 ans, j'ai un an de moins que tout le monde, je suis surclassé. On a un groupe tellement passionné, tellement impliqué. On sait que jamais l'équipe de France n'a gagné l'Euro Cadets et on a envie d'être les premiers. On finit quatrièmes, le meilleur résultat dans l'histoire pour une équipe de France Cadets à l'époque. Mais on voulait aller plus loin. Quand on perd en demi-finale contre la Russie, on est abattus. Dans le vestiaire, l'équipe est en pleurs. Les larmes et la rage. On était vraiment affectés. Trop, peut-être, car le lendemain, on perd le match pour la médaille de bronze contre Israël, une équipe qu'on avait battue en poule. Sur cette compétition, pour ce groupe, c'était soit la médaille d'or, soit rien ! On était formatés comme ça. La star de cette équipe, c'était Paccelis Morlende, un arrière, élu dans le meilleur cinq du tournoi. Il y avait

Cédric Sinitambirivoutin, Guy Guedegbe, Olivier Mognon, Ahmed Fellah... En quart de finale, on avait fait un gros match contre l'Espagne. En demie, contre la Russie, Andreï Kirilenko était vraiment au-dessus. C'était un monstre. C'est ma première grosse défaite avec le maillot bleu. C'est quelque chose qui me fait mal et qui m'a marqué. Mais, paradoxalement, pour moi, c'est aussi le début de cette histoire d'amour intense avec l'équipe de France.

Quand on sort de cet Euro, je suis pris. Je ressens comme un besoin, celui de revivre ces moments, de partager à nouveau ces émotions. C'est une passion, j'aime ça. Et je n'ai même pas digéré cette défaite que, déjà, je sais que j'ai envie de gagner quelque chose avec l'équipe de France. Tout commence là. Et puis, à l'époque, l'équipe de France m'a permis de voyager, d'ouvrir d'autres horizons aussi. Je ne connaissais que la Normandie ! Grâce aux sélections, j'ai pu découvrir plein d'autres pays. Ces expériences-là, quand tu as 14, 15 ans, elles sont irremplaçables.

Cet Euro, c'est mon acte de naissance en équipe de France, mais ce n'est pas mon premier tournoi. Mon premier tournoi avec l'équipe de France, c'est à Bellegarde, quelques mois plus tôt, en 1996, en préparation à l'Euro. C'est là-bas que je commence à me montrer. L'équipe de France a déjà deux bons meneurs, avec Guy Guedegbe et Ahmed Fellah. Quand j'arrive, je suis le petit « 82 », tous les autres sont nés en 1981. Je suis le troisième meneur, le petit nouveau. Au cours de la préparation, je vais gagner ma place pour devenir meneur titulaire à l'Euro.

En 2000, je me fais une promesse

Ce lien, cette connexion avec l'équipe de France, je ne peux pas l'expliquer. C'est une flamme qui s'est allumée en moi et elle ne s'est jamais éteinte, malgré mes victoires en NBA et pas mal d'échecs en équipe de France. J'ai toujours passé des bons étés, vécu des supers aventures humaines avec mes coaches et mes coéquipiers. C'était du bon temps à chaque fois. J'étais content de retrouver Boris, Ronny, Gaëtan Muller. On avait un bon groupe. Et quand on gagne l'Euro Juniors en 2000, je me fais cette promesse : revenir chaque été en équipe de France tant que l'on n'aura pas décroché la première médaille d'or en compétition internationale de l'histoire du basket français ! C'est une promesse que j'ai toujours honorée.

Tous les étés, c'était comme une famille. J'étais content de revoir le kiné, content de revoir l'intendant, content de revoir le médecin. C'est pour cela que je disais tout le temps que j'avais deux familles : les Spurs durant l'année et l'équipe de France pendant l'été. Et je ne me voyais pas ne pas aller dans « ma deuxième famille » l'été. Après, tu as tes petites habitudes. On fait souvent les mêmes tournois, on va dans les mêmes endroits, ça crée une certaine stabilité. Moi, ça me permet aussi de rester en forme, de ne pas rien faire de l'été. Très tôt, j'ai pris l'habitude de jouer toute l'année. Après, quand je fais l'impasse sur le Mondial 2010 et la Coupe du Monde 2014, c'est aussi pour être raisonnable, ne pas risquer une grosse blessure. Je sentais quand mon corps était fatigué et qu'il fallait dire stop. À cette époque, je jouais 35-36 minutes par match en NBA. On jouait jusqu'à fin juin ou pas loin avec les Spurs, pendant que les autres finissaient mi-avril, avec deux mois de vacances de plus que moi ! À un moment donné, il faut savoir garder une certaine fraîcheur, parce que c'est dur de tout le temps enchaîner, enchaîner, enchaîner. Et sur ma carrière internationale, j'ai toujours privilégié les championnats d'Europe. Les championnats du monde, ce n'était pas important. Tous les joueurs NBA faisaient des impasses sur les Mondiaux.

Comparativement au foot, nous, notre Coupe du monde, c'était les Jeux olympiques ! Alors j'ai décidé de faire les championnats d'Europe, pour tenter de battre des records, devenir celui qui en a joué le plus – ce que je suis aujourd'hui avec huit participations à l'Euro – devenir le meilleur marqueur de l'histoire – ce que je fus lors de l'Euro 2015 avec 1 104 points, avant que Pau Gasol ne me dépasse en 2017. Je jouerai les JO si on se qualifie, mais je ne jouerai pas les championnats du monde, parce que tout le monde s'en fout des championnats du monde !

À l'époque, j'étais le seul joueur NBA en équipe de France qui allait loin en play-offs. Boris, Ronny, souvent mi-avril, c'était terminé ! Moi, depuis le début de ma carrière, en 2001, on allait en playoffs tous les ans et très souvent on allait loin. Si on ajoute tous les matches et toutes les minutes que j'ai joués en plus par rapport aux autres joueurs de l'équipe de France, c'est considérable. C'est pour ça que, en 2010 et 2014, j'ai décidé de ne pas jouer. En 2006, je me blesse quelques jours avant le Mondial et je dois déclarer forfait. Mais j'étais là, j'avais fait tous les matches de préparation, avant de louper la compétition.

De 2000, ma première sélection, jusqu'aux JO de Rio en 2016, ma dernière sélection, je suis revenu tous les étés, à deux exceptions près. Quand tu sais la carrière que j'ai eue en club, c'est beaucoup. Heureusement, souvent, pendant les préparations, Vincent Collet, qui est le sélectionneur depuis 2009, me reposait. S'il y avait dix matches de prépa, j'en jouais sept.

Ma première sélection en équipe de France, c'était face à la Turquie, à Ankara, en novembre 2000. Quand le coach, Alain Weisz, m'appelle, sincèrement, je ne m'y attends pas. J'ai 18 ans, je commence enfin à jouer en Pro A, je suis titulaire à Paris, où Ron Stewart m'a donné les clés de l'équipe. Mais la saison a débuté seulement depuis deux mois. Je fais un bon début de saison, mais je ne pense pas intégrer tout de suite l'équipe de France, d'autant qu'il y a déjà Antoine Rigaudeau, Laurent Sciarra et que cette équipe vient d'obtenir la médaille d'argent aux JO de Sydney ! Pour moi, ils n'ont pas besoin de meneur. Mais le coach m'appelle quand même. Sur le moment, c'est une grosse fierté. Je viens d'être champion d'Europe Juniors, j'ai tout l'avenir devant moi et là, on passe tout de suite à l'étape supérieure !

Ce numéro 9 dont je ne voulais pas

Avant de partir en Turquie, on est tous réunis en stage à Paris. Je suis super respectueux, j'apprécie chaque moment, je me dis que, maintenant, je suis dans la cour des grands. C'était génial en cadets, génial en juniors, j'espère juste qu'avec les grands, on pourra vivre les mêmes choses. Sur ma première sélection en équipe de France, je partage la chambre avec Vasco Evtimov. D'ailleurs, je serai aussi en chambre avec lui à l'Euro 2001.

À Ankara, c'est une ambiance de malade ! Tout de suite, je ressens que les matches en équipe de France ont une autre saveur, une autre ferveur. Tu joues pour ton pays. Ce n'est pas juste un club, une ville, c'est pour tout un pays ! L'hymne national, les regards, tu vois que c'est différent, même pour un simple match amical. Sur ce match, je joue dix minutes, je crois, je mets quatre points. Ce sont des bons débuts. J'étais déjà content d'être entré en jeu. Je n'étais pas sûr de jouer. Quand le coach me lance, je fais du Tony, je suis agressif, je vais au cercle.

En revanche, mon premier match en France avec le maillot bleu s'est beaucoup moins bien déroulé ! C'était contre l'Italie à Villeurbanne.

C'est marrant d'ailleurs que mon premier match avec l'équipe nationale, en France, ait eu lieu à l'Astroballe, quand j'y repense. Je ne mets pas un panier. À la sortie, je me dis : « Bon ! j'ai encore de la route, ça va être long... » Sur les premières sélections, je veux être patient. Mais quand je suis drafté en juin 2001, tout s'accélère. Le coach se dit : « On va quand même le faire jouer, le petit ! »

Ma première compète, c'est donc l'Euro 2001 en Turquie. Laurent Sciarra est meneur titulaire, mais j'ai quand même beaucoup joué, notamment sur la deuxième semaine. Derrière cet Euro, je sais que la prochaine fois que je reviendrai en équipe de France, j'aurai un vrai rôle. Sur la première semaine de l'Euro 2001, je joue peu, mais je me sens déjà prêt. Je viens d'être drafté en NBA, j'ai envie de jouer, j'ai envie de montrer ce que je sais faire. Je sais que si on me donne une opportunité, je vais être performant.

Dans cette équipe, il y a les « anciens », mais aussi mes coéquipiers avec qui j'ai joué à Paris, Laurent Sciarra et « Juju » (Cyril Julian). Ça se passe bien avec « Risac » (Stéphane Risacher), Laurent Foirest, Alain Digbeu. Il y avait un bon groupe qui vivait bien. C'est la continuité de ce que j'ai connu en jeunes. Matin, midi, soir, on mange ensemble, entraînement à telle heure programmé sur le mur. C'est le même fonctionnement. Les matches sont juste beaucoup plus importants qu'en juniors ou en cadets. Je connais le fonctionnement en équipe de France, il faut maintenant que j'apprenne à connaître les coéquipiers.

Avec Vasco, en chambre, on rigolait bien. C'est un vrai personnage, ce colosse ! Mais il ne m'a jamais mangé, contrairement à ce qu'on me prédisait en rigolant à l'époque ! C'est un vrai gentil.

En deuxième semaine, j'ai un peu plus de temps de jeu et je me dis que c'est du haut niveau. La NBA, oui, c'est costaud, mais le jeu européen n'a pas à rougir. Quand je sors des matches sur la deuxième semaine, je me dis que c'est bon, je peux dominer à ce niveau-là. Mais, il faut le faire ensemble, il faut une équipe et beaucoup de choses pour gagner. Je vois que j'ai le niveau et que dans trois, quatre ans, je pense que je peux vraiment dominer. Dans les tribunes, Gregg Popovich, le coach des Spurs, est là, mais on n'a pas discuté. On se dit bonjour, vite fait, mais il ne veut pas me déranger pendant ma compète. Je sais qu'il est là, qu'il regarde, qu'il observe son futur meneur. Mais ça ne me met pas de pression. Il m'a déjà vu lors des Ligues d'été, il n'y a plus de secret, maintenant. Il sait qui je suis, il m'a drafté, il me veut. J'ai de bons rapports avec Alain Weisz. Il connaît bien le basket, le jeu. Nos rapports étaient même tellement bons qu'il a voulu me mettre haut un peu trop vite.

À l'Euro 2003, je bascule dans une autre dimension. En 2002, on n'est pas au Mondial, donc il n'y a pas d'équipe de France. Mais entre 2001 et 2003, il s'est passé beaucoup de choses. Je suis champion NBA, meneur titulaire et deuxième marqueur des Spurs ! Mon statut a complètement changé. Je ne suis plus le « petit jeune », le rookie qui débarque.

Tout de suite, on veut m'installer comme la star de l'équipe de France, on veut vendre du numéro 9 ! Je me souviens d'une discussion avec Jean-Pierre De Vincenzi, le DTN à l'époque :

— Je ne veux pas le n° 9 en équipe de France. Je veux le n° 6 !

À l'Euro 2001, j'avais le n° 6 et je me voyais bien faire toute ma carrière avec le 9 aux Spurs et le 6 en équipe de France. Ça m'allait très bien. Je lui explique mais il insiste :

— Non, Tony, il faut que tu portes le 9. Tout le monde veut acheter le n° 9, tu ne peux pas faire ça !

Je suis obligé d'accepter et ça crée un petit malaise dans l'équipe avec Tariq Abdul-Wahad qui voulait ce numéro. En plus, la démarche ne colle pas avec ma mentalité américaine, où l'on est très respectueux des anciens. Ce sont eux qui doivent choisir leur numéro en premier. Tariq avait déjà le 9. Qu'il le garde, moi j'étais bien avec le 6. Cela a créé des petites tensions inutiles, alors que les anciens menaient déjà leur propre guéguerre avec la DTN, à la suite de l'Euro 1999 et des JO 2000 de Sydney.

Ensuite, sur cet Euro, le fait qu'Alain Weisz me mette capitaine, ça ne m'a pas non plus mis très à l'aise. Certes, je suis champion NBA, mais je n'ai que 21 ans ! Je pensais que c'était plus à Mous Sonko ou Laurent Foirest, un ancien, de tenir ce rôle. Ça me semblait normal. Quand il me désigne comme capitaine au début de la campagne, je lui dis que c'est trop tôt.

— Attends, Tony, t'es champion NBA, évidemment que t'es prêt, que t'as le statut ! C'est à toi de prendre l'équipe en main, là. De toute façon, on sait bien que ça va être *ton* équipe de France, alors autant s'y mettre de suite !

Je cède mais je sais que ça va être chaud. C'est trop tôt, je ne le mérite pas. Il faut de l'expérience, avoir fait plusieurs campagnes. Après, une fois que je l'ai, j'essaie d'en être digne, avec mes qualités et ma personnalité. Quand tu as 21 ans et que tu gueules comme le capitaine alors que tu n'as rien prouvé encore en équipe de France, ça peut être mal pris. J'essaie parfois de prendre la parole, mais ce n'est pas facile. Je me sens encore le besoin de prouver que je peux jouer en équipe de France. À cette époque, je suis concentré sur mes performances, assumer mon nouveau statut de champion NBA, qui implique que je sois présent à tous les matches. Les salles sont pleines, les gens portent mon maillot, tout ça joue aussi. En plus, on a quand même une équipe super talentueuse. Cette équipe de 2003 est beaucoup plus forte que celle de 2013 qui sera championne d'Europe, par exemple ! Elle a beaucoup plus de talent. Mais la cohésion d'équipe est capitale.

Le jour où j'ai tout gâché

On termine premiers de notre groupe, on explose tout le monde en phase de poule. En quart, on démonte la Russie ! Et en demi-finale, on est à une possession d'être en finale. Si Jérôme Moïso était sorti sur le pick and roll, on gagnait contre la Lituanie et on aurait pu être champions d'Europe. Il y a aussi ma glissade au milieu du terrain. L'arbitre arrive derrière moi, il me touche à peine, mais assez pour que j'hésite à faire mon truc. Ensuite, je perds la balle. Bien sûr que je me sens responsable ! C'est dur, mais ça fait partie de l'évolution d'un joueur, de la construction de ma carrière. Ces moments-là m'ont servi pour plus tard. C'est facile d'en parler maintenant parce que je sais ce qu'il est advenu par la suite. Mais sur le moment, c'est très dur à vivre. Après, je me dis que cela devait arriver, que je devais en passer par là pour devenir le joueur décisif que je serai sur les compétitions suivantes, pour être clutch en 2009, 2011, 2013. Parce qu'il y a cette perte de balle en demi-finale, mais après, sur le match pour la troisième place contre l'Italie, j'ai aussi le shoot pour aller en prolongation et je le rate. Sur ces deux rencontres, je fais deux gros matches, je mets 24 points à chaque fois, mais sur ces deux actions décisives, je ne finis pas. Le soir, après le match, j'étais vraiment déçu. Je ne comprenais pas. J'étais énervé contre moi-même : même encore jeune, j'aurais dû terminer le job.

J'ai tout gâché lors du match pour la troisième place et j'ai ainsi privé l'équipe des JO 2004 à Athènes. En face, c'était l'Italie, qu'on avait battue de trente points une semaine plus tôt ! Et là, on perd de deux points, sur une vieille défense de zone ! Finalement, en 2003, on était un peu comme en cadets en 1997 : soit on est champion d'Europe, soit on s'en fout. C'était ça, la mentalité de cette équipe ! On s'en foutait un peu de cette médaille de bronze. C'est dommage...

Ce match pour la troisième place, jamais on n'aurait dû le perdre. Très vite, j'ai senti qu'on n'était pas dedans. En raison de mon tempérament, j'ai essayé de prendre le match à mon compte, d'être le sauveur. Mais ce n'était peut-être pas mon rôle encore à cette époque-là. J'ai senti que je n'avais pas beaucoup de soutien. Les gars n'étaient pas méchants avec moi. Sonko, Digbeu, Dioumassi, même Tariq, étaient plutôt cools, on ne s'est pas embrouillés. Franchement, il n'y avait pas de clan. On était ensemble. Mais, ça arrive, dans les équipes, des petits pétages de plomb, ce ne sont pas pour autant des fissures. Le groupe vivait bien. C'est le contexte global qui a tout compliqué. Sur les derniers matches du tournoi, et celui-ci en particulier, les observateurs ont pensé que l'équipe m'avait lâché. Je ne pense pas que ce soit le cas. Les anciens avaient plus la rage contre la Fédération, par rapport à des choses qui s'étaient passées les deux années précédentes, avant même que je ne sois là[1].

Au-delà de tout ça, il me reste cette déception d'avoir gâché une opportunité de médaille, la

1. Un conflit opposait alors les médaillés d'argent de Sydney 2000 à leur Fédération au sujet du versement de la prime liée à la médaille olympique et au manque de considération et de promotion suite à ce résultat, selon les joueurs. (*N.d.E*)

possibilité d'aller aux Jeux olympiques et peut-être même celle d'un titre de champion d'Europe. Mais bon, avec le recul, quand tu regardes la Lituanie cette année-là, c'est une équipe qui était arrivée à maturité, c'était son moment. Depuis, malgré de bonnes équipes tous les ans, la Lituanie n'a plus rien gagné. C'était son heure en 2003. Nous, il fallait qu'on attende. Cette année-là, on ne méritait pas d'être champions d'Europe. Et pourtant, on avait le talent et l'équipe pour.

Quand on quitte la Suède, à la fin du tournoi, avec notre quatrième place qui n'apporte rien, je sens comme un grand vide. Je sais que je ne vais pas revoir l'équipe de France avant deux ans. Ça va être long…

Ma plus grande désillusion en Bleu

À l'Euro 2005, j'arrive rincé. Je viens de gagner mon deuxième titre NBA et je l'ai bien célébré, je suis fatigué. Je ne joue pas très bien les trois premiers matches, je suis même inexistant. J'ai fait une erreur avant cet Euro. J'en ai trop fait, en termes de com notamment, trop d'opérations avec les partenaires… J'étais partout, les apparitions, les pubs, les plateaux télé et j'étais quand même là pour les matches amicaux, j'enchaînais ! Alors, quand j'arrive à l'Euro, je suis cuit. Je le comprends aussitôt et ça m'a ouvert les yeux. Par la suite, j'ai mieux dosé les choses.

Pourtant, dans ce début de tournoi totalement raté, c'est la première fois que j'ai vraiment ressenti l'amour et le soutien de tous mes coéquipiers, de l'équipe de France, de tout le monde, en fait. Il y avait sans doute déjà une part de reconnaissance avant. Mais le fait que je vienne quand même cet été-là en équipe de France après une année aussi longue, un titre de champion NBA, je pense que les gens étaient reconnaissants de cela.

De cet Euro, évidemment, on retient tous, à jamais, notre défaite contre la Grèce en demi-finale (66-67). Ma plus grosse déception, ma plus grande désillusion en équipe de France. Même si, après, l'histoire finit plutôt bien avec la victoire contre l'Espagne et la médaille de bronze. Même si je fais finalement une bonne deuxième semaine, cet Euro a été une bonne leçon, une petite claque pour me faire comprendre qu'il ne faut pas trop en faire.

Ça m'a touché personnellement. J'arrivais avec un standing, leader de cette équipe. Plus de doutes sur ce sujet. C'est mon équipe pour les dix prochaines années, c'est mon équipe de France, ma génération ! Et j'entame le tournoi en faisant trois pauvres matches comme ça. Waouh ! la prise de pouvoir commençait mal ! En 2003, ce n'était pas mon équipe et pourtant je suis élu dans le meilleur cinq de l'Euro. Là, j'entame 2005 comme ça…

J'avais mes propres espérances, mes propres objectifs et, soudain, j'en étais si loin ! C'était dur à encaisser. Que tu loupes ton premier match, tu te dis « OK ! ça peut arriver à tout le monde. »

Mais je rate aussi le deuxième match. Dans la chambre d'hôtel, je suis avec Boris et je m'agace : « Putain ! je suis connu pour me relever tout de suite derrière un mauvais match, pour rappeler à tout le monde qui je suis, quoi ! »

Dans mon esprit, le troisième match, c'est impossible que je le rate. Et je le loupe encore ! Là, je rentre vraiment dans une période de doutes. J'ai été nul trois matches de suite. Et pas nul, du genre huit points et deux, trois trucs. Non, nul à chier, genre trois points de moyenne, à 20 % aux tirs ! Il y a nul et nul, mais là, j'étais vraiment nul. C'est peut-être les trois plus mauvais matches de ma carrière en équipe de France, et en plus d'affilée ! C'était irréel. Il fallait remonter la pente. Le sélectionneur, Claude Bergeaud, voit bien que je suis usé. Alors, il me sort du cinq de départ. Je comprends la décision. Je suis nul à chier, pas de problème. Je vais donc sortir du banc, avec pour mission d'essayer de mettre un petit coup de boost. À l'arrivée, ça a marché ! J'ai remonté la pente et j'ai fini fort l'Euro.

Mais ce début de tournoi m'a affecté. Je suis touché. On est à Belgrade, en Serbie, dans un pays de basket, l'ambiance est énorme. Je me dis que c'est un événement pour moi. C'était dur, vraiment, de ne pas être au rendez-vous. Après, il y a évidemment cette défaite en demi-finale contre la Grèce. Celle-là, elle reste en travers de la gorge, à jamais. Cette année-là, on aurait dû être champions d'Europe. On était plus forts que l'Allemagne que l'on aurait alors jouée en finale, si on était passés contre les Grecs. Beaucoup plus forts.

On a 7 points d'avance à 44 secondes de la fin. Comment fait-on pour perdre ce match ? Je me pose toujours la question aujourd'hui. Je me rappelle, je mets le tir à trois points, les Grecs posent un temps mort. On a 7 points d'avance. Quand je rentre mon tir, je me dis : « C'est bon, on est champions d'Europe ! » Je ne me dis même pas « on est en finale », non, je me dis : « On est champions d'Europe ! L'Allemagne, on va la tuer. » À cette époque, dans cette équipe, il n'y a vraiment que Dirk Nowitzki. Il est tout seul. Sur le temps mort, je ne sais même pas ce que dit Claude Bergeaud. Je suis dans mon truc, galvanisé. Dans ma tête, on est champions d'Europe, on a battu la plus forte équipe de cet Euro.

Et puis, il y a cette remontée. Papaloukas qui fait des trucs de malade et Diamantidis qui met ce shoot venu de nulle part. Chez nous, je ne veux pas pointer untel du doigt, car on a tous fait nos erreurs sur ces quarante-quatre dernières secondes, moi inclus. Quand Diamantidis met son tir, je me dis que c'est le destin pour la Grèce. Un tir comme ça, il est forcément commandé par le destin.

Je suis KO, mais très vite, j'essaie de me relever, je me dis que ce n'est pas encore notre heure. Pas encore. La défaite est lourde, violente. Mais cette fois, on a la force et le caractère pour aller chercher le bronze. On bat l'Espagne, notre bête noire, on leur met 25 points, on se qualifie pour la Coupe du monde et on ramène la première médaille d'un Euro au basket français depuis cinquante ans ! Alors OK, on a loupé 2003 et 2005, où on aurait pu ou dû être champions d'Europe, mais je me dis que ce n'est qu'une question de temps pour gagner ce titre et j'ai encore tout l'avenir devant moi.

L'acte de naissance de ma génération

À côté de ces deux cicatrices, personnelle et collective, il y a un moment magnifique sur cet Euro 2005 : la victoire contre la Serbie, chez elle, en huitième de finale. À l'époque, la Serbie, c'est l'Espagne de notre génération. Tout le monde pensait qu'elle gagnerait son championnat d'Europe. Alors, quand on termine troisièmes de notre poule, que je suis nul à chier et que l'on doit jouer la Serbie chez elle en huitième de finale, pour tout le monde, c'est plié. Il n'y a rien qui va dans notre sens.

Pourtant, dans le bus, sur le trajet qui nous emmène de Belgrade à Novi Sad la veille du match, on y croit, même si la chance est toute petite, mais on y croit. Les mines ne respirent pas la joie, mais Claude Bergeaud est serein : « On n'a pas beaucoup de chances de gagner, les gars, faut en être conscient. Mais avec une bonne défense de zone, un ballon qui bouge bien et de la réussite aux tirs, on a une petite chance. Si on est dans le match au quatrième quart-temps, ils vont commencer à serrer les fesses… » Il était peut-être serein, mais moi, je ne pouvais pas être plus nul.

On fait une défense de zone pendant 32, 33 minutes, presque tout le match en fait. Et la Serbie bute dessus, elle doute. À domicile, avec la pression, parfois tu craques. Et ils ont craqué. En fait, ce match, c'est la première grosse victoire de notre génération : battre les Serbes (74-71), l'équipe référence des cinq, dix dernières années, c'était fort. Moi, sur ce match, je me retrouve un peu, je mets 15 points, je fais mon petit move sur Bodiroga, je joue le quatrième quart-temps. Je suis bien. Derrière, je n'ai fait que monter et l'équipe est lancée. C'était un match parfait pour moi. Une ambiance de folie ! J'étais chaud comme la braise.

En rentrant dans le vestiaire, on n'arrêtait pas de crier. Ça partait dans tous les sens, c'était indescriptible. Personne ne croyait en nous. Une victoire tellement improbable ! Pour moi, ce match, c'est l'acte de naissance de ma génération. Là qu'on affiche notre force de caractère et qu'on prouve pour la première fois notre capacité à répondre « présent » sur les gros rendez-vous.

Quand arrive la « petite finale » face à l'Espagne, on s'est énormément nourris de l'expérience de l'Euro 2003. Cette médaille en chocolat, ce gâchis sur un match après tout ce que l'on avait fait. Pas possible de remettre ça. La veille du match au dîner, on ne parle que de ça. À table, partout où je tournais la tête, j'entendais : « Tu te souviens de 2003… On ne peut pas gâcher ça une deuxième fois… C'est une médaille, c'est quand même un beau souvenir... On n'a jamais de médaille en équipe de France, il faudrait qu'on en ramène une, quand même... » On vient pourtant de prendre un sacré coup d'épée. Le scénario contre la Grèce est tellement cruel. Mais la déception de la défaite est évacuée bien plus vite que celle face à la Lituanie deux ans plus tôt. Là, au dîner, tout le monde est d'accord : c'est une médaille de bronze, il faut aller la chercher, c'est important, dans l'histoire on va s'en rappeler...

Battre l'Espagne, même s'il n'y a pas Pau Gasol sur cet Euro, c'est énorme. Pendant quinze ans, l'Espagne va être notre bête noire. On a souvent dit que, sans cette génération espagnole incroyable, on aurait peut-être dominé le basket européen. Mais ce n'est pas rageant : l'histoire va nous offrir une médaille d'or en 2013. Sûrement que si ça n'avait pas été le cas, alors là, oui, ça aurait été rageant. Deuxième pendant dix ans, ça aurait été chiant ! Mais le fait de gagner un championnat d'Europe a chassé ce sentiment-là. Bien sûr que, sans eux, on aurait pu en gagner trois de plus. Mais on a atteint l'objectif que je m'étais fixé : ramener le premier titre de l'histoire du basket français.

Comme Deschamps et Zidane

Même si elles sont assez douloureuses, je sors de ces campagnes de 2003 et 2005 toujours aussi motivé. Mais je prends conscience d'une chose, quand Antoine Rigaudeau, qui avait été le capitaine de l'équipe en 2005, part à la retraite : je ne veux pas faire une équipe de France qui ne tourne qu'autour de moi. En 2003, j'étais jeune, je n'avais pas osé dire grand-chose. Mais en 2006, j'ai une tout autre approche. Je suis All-Star NBA et quand j'arrive en équipe de France à l'été 2006, je leur présente la chose comme ça : « Vous voulez que je sois capitaine, OK, pas de problème, je peux assumer maintenant. Mais je pense que c'est mieux si on met Boris. Cela fait deux leaders à la tête de l'équipe. »

En équipe de France, les médias parlaient tellement de Tony Parker, tout le temps. Pour le bien de l'équipe, je trouvais que c'était mieux que Boris soit capitaine. En plus je savais qu'il pouvait être un très bon capitaine et il l'a prouvé pendant dix ans ensuite. Ce fonctionnement, avec Boris en capitaine, et moi en leader de terrain, a très bien marché pendant des années. En fait, dans mon esprit, j'imaginais cela un peu comme l'équipe de France de foot de 1998, avec Didier Deschamps capitaine et « Zizou » le leader. J'ai utilisé cet exemple-là d'ailleurs auprès du sélectionneur, Claude Bergeaud.

2006 aurait dû être mon seul championnat du monde. Et puis, en match de préparation contre le Brésil, je me blesse. Je me prends le doigt dans le maillot de Tiago Splitter. Je sens tout de suite que j'ai mal, c'est une douleur assez bizarre : sans doute une entorse qui devrait passer avec un peu de glace... Mais le lendemain, à l'entraînement, quand j'essaie de shooter, je ne peux pas mettre de poids sur mon doigt, je ne sens pas la balle. Je vais passer des radios : fracture du doigt ! Je peux peut-être jouer en collant l'index et le majeur, mais ça présente un risque.

Quand j'envoie les radios aux Spurs, comme cela doit se faire dès qu'un joueur NBA est blessé, ils refusent immédiatement : « On le paye je ne sais pas combien de millions, c'est non ! » Si les Spurs n'avaient rien dit, j'aurais essayé de jouer. Mais ils n'ont pas voulu et là, ce n'est même pas la peine de discuter : en NBA, c'est la règle, quand tu es blessé, tu n'as pas le droit. Si ton club ne veut pas, tu ne joues pas.

Je loupe donc le championnat du monde. Sur le moment, je suis déçu, mais je n'ai pas le choix. De toute façon, le championnat du monde, n'était pas ma priorité. C'était d'abord gagner une médaille d'or à l'Euro et faire les Jeux olympiques. Je m'étais tapé toute la prépa et j'avais envie de jouer. Mais ça ne m'a pas affecté outre mesure.

Sur le premier match du Mondial, je reste avec mes coéquipiers. D'autant qu'on joue l'Argentine et que Manu Ginobili est là. Après, je rentre direct à San Antonio. Les Spurs voulaient voir mon doigt au plus vite. Aujourd'hui il est réparé mais toujours tordu. Quand je vois l'état des doigts d'autres joueurs NBA, je ne m'en sors pas si mal après vingt ans de carrière…

2007, un gros Euro, un gros échec

Je reviens donc en équipe de France pour l'Euro 2007 en Espagne. On fait une bonne première partie de tournoi, on bat des grosses équipes comme l'Italie et l'Allemagne. Puis arrive le quart contre la Russie. Dans ces tournois, quand on ne gagne pas le quart, après c'est la merde. On perd contre la Russie (71-75), qui ira jusqu'au titre derrière. On a du mal à retrouver le niveau de la première semaine. Pourtant, il n'y a pas de problème, le groupe vit bien, tout le monde va bien. C'est juste qu'on ne gagne pas les matches. Parfois, c'est aussi simple que ça. Après le quart, la Croatie nous en met une bonne (69-86), et la Slovénie nous file une rouste (74-88) ! On termine huitièmes, on n'a pas été bons.

C'est le plus mauvais résultat de ma génération. Avec ces défaites contre la Croatie et la Slovénie, je loupe encore les JO. Je commence à me dire que je ne vais jamais les faire... Mais à un moment donné, pour gagner, faut bien mettre les tirs ! Et là, on n'a pas mis les shoots. Comme face à la Russie en quart, on n'a pas mis nos lancers francs. C'est comme ça.

Prise de tête et lancers francs

Sur ma carrière, je suis à 75 % aux lancers. Normalement un meneur de jeu est entre 80 et 85 %. Disons que j'aurai pas mal cogité sur la ligne… Je me suis pas mal pris la tête avec les lancers francs. Je voulais être trop parfait dans la gestuelle et j'en loupais toujours un ! Pourtant, dans mes meilleures saisons, 2012, 2013, 2014, j'avais réussi à me calmer, je tournais à 80 %. J'étais même à plus de 84 % sur la meilleure en 2012-2013. Mais sur ce quart de finale contre la Russie, dans les dernières secondes, je fais 2 sur 4 et Bobo, 0 sur 3. Et le match se joue là…

Sur le plan du résultat, l'Euro 2007 est un échec. Mais à titre personnel, c'est un gros Euro. Le premier où je tourne à 20 points de moyenne, avec mon record de points sur un match de championnat d'Europe : 36 points contre l'Italie. Cet Euro me donne confiance pour l'avenir, envie de persévérer. Une compétition internationale se joue à rien. Il faut revenir.

En 2007, après mon match du premier tour contre l'Italie, on parlait de « Parker dépendance ». Mais bon, je venais d'être champion NBA, All-Star, MVP des Finals, je ne me prenais pas trop la tête sur le reste. Peut-être même que dans l'euphorie de ma saison NBA, je me voyais endosser la cape de Zorro. Mais je ne le recherchais vraiment pas. En fait, dès que je voyais mon équipe en difficulté, ma réaction naturelle était d'essayer de la sauver. Peut-être ai-je trop voulu tenir ce rôle en 2007.

2008, Michel Gomez me donne carte blanche

Après cette nouvelle désillusion en équipe de France, ce qui m'anime, c'est la lutte, le challenge. En NBA, jusqu'ici, c'est un parcours rêvé. En équipe de France, en revanche, il va vraiment falloir aller le chercher, le trophée ! Ces échecs répétés ont eu un effet contraire sur moi. Au lieu de me dire : « J'abandonne, ça me soûle l'équipe de France », j'ai décidé que je ne prendrai pas ma retraite tant que je n'aurai pas gagné un truc avec l'équipe de France ! J'étais déterminé et persuadé qu'on allait faire quelque chose. Il fallait juste qu'on continue à pousser.

En 2008, on était au plus bas de chez plus bas. Comme on dit en anglais, on avait *touched the rock bottom* (touché le fond). Cet été-là, on doit passer par les qualifs à l'Euro et on ne se qualifie même pas ! En 2008, beaucoup de joueurs NBA ne sont pas venus et c'était en gros Ronny Turiaf et moi avec une équipe B ! On a essayé de faire ce qu'on pouvait pour maintenir l'équipe de France à flot. C'est marrant parce que je ne devais pas y aller non plus, moi, sur cette campagne de qualifs 2008 ! Je suis à Los Angeles, tranquille, en vacances, quand Ronny m'appelle et me dit : « Non TP, tu ne peux pas me faire ça, tu ne peux pas me laisser tout seul ! » Il m'a parlé sentiments et… j'ai cédé ! C'est vraiment une campagne bizarre, avec des conditions de séjour assez déroutantes ! Pour notre match à Kiev, en Ukraine, l'hôtel n'était pas terrible, on était deux par chambre. Mes pieds ne dépassaient pas du lit, ça allait encore, mais pour ceux qui faisaient 2 m et plus, c'était compliqué ! Il fallait vraiment être motivé pour venir. On était loin de la lumière, loin de tout, au fin fond. Là encore, ça a contribué à entretenir ma motivation. Je me disais que le jour où on allait gagner, je pourrais vraiment apprécier la victoire, vu les chemins par lesquels on passait.

En 2008, le sélectionneur, c'est Michel Gomez. C'était très particulier, ça faisait longtemps qu'il n'avait plus coaché. Tout le monde le présentait comme le coach incroyable des années 1990. Mais le décalage entre les années 1990 et 2008 était assez flagrant ! Il y a eu des désaccords avec Michel, oui. J'avais du mal à le comprendre, en fait. Il nous donnait beaucoup de liberté dans le jeu. Nous, on demandait des principes défensifs et lui nous répondait : « Non mais là, fais ce que tu veux, sur pick and roll, fais comme tu le sens. »

Je sortais d'un système de jeu très cadré avec Popovich, où on avait la meilleure défense en NBA, et arrivé en équipe de France, on fait ce qu'on veut ! Ça n'est pas possible. Tu ne peux pas dire à ces joueurs-là : « Faites ce que vous voulez ! » Il faut savoir ce que l'on fait, où l'on va, comment on va défendre. Décider d'une stratégie. Pas « open bar » et hop ! chacun fait ce qu'il veut. C'était vraiment difficile de s'adapter à un tel coaching. Michel m'a donné carte blanche : j'ai fait mes plus gros cartons offensifs et établi mon record de points en équipe de France – 37 contre

MON ALBUM

Comme tout enfant, c'est d'abord dans les bras de ma mère, Pamela, que j'ai trouvé les premiers réconforts. Puis, très vite, j'ai accompagné mon père à l'entraînement. J'avais à peine 3 ans et mon premier ballon était presque plus gros que moi !

Tout petit déjà, je prenais grand soin de mon jeune frère, TJ. La main protectrice sur l'épaule et le ballon de basket sur les genoux bien sûr !

Ma famille au complet : mon père, TP Senior, ma mère, Pamela, mes frères, TJ et Pierre. Malgré le divorce de mes parents, j'ai toujours senti leur présence. Ils ont toujours été là.

Des Pays-Bas à la France, mon père m'a montré la voie. Il m'a transmis la mentalité américaine, la discipline et la confiance en soi.

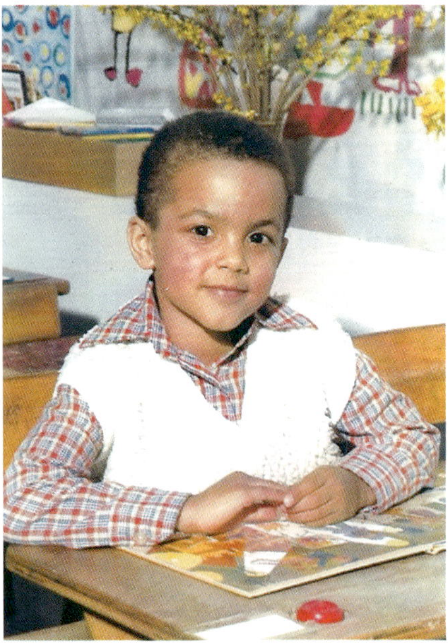

À l'école, derrière mon petit bureau, ma vie débute à peine. À Dieppe, avec mon père et mes frères, on apprend à vivre tous les quatre. Cela a été difficile pour ma mère. Mais elle n'était pas loin, elle vivait à Fécamp et venait nous voir pendant les vacances scolaires.

Durant les vacances scolaires, on retrouve notre mère. Tennis, pique-nique au bord du lac avec notre Saint-Bernard : ma mère avait ce côté bohème, c'était un peu l'aventure avec elle.

Assis sur le bord de la route ou en promenade en Normandie, c'est toujours avec notre inséparable Saint-Bernard et la fameuse 2 CV qui rythmera mes trajets d'adolescent. C'est d'ailleurs en 2 CV que ma mère m'emmènera à l'INSEP à l'été 1997.

C'est à Paris que je fais mes deux seules saisons professionnelles françaises. La première année, dans l'ombre de Laurent Sciarra, je joue peu, mais j'apprends beaucoup, avant de prendre l'équipe en main la saison suivante.

À l'INSEP, avec Ronny Turiaf et Boris Diaw, on est inséparables. On se aussi ensemble à l'Euro 2003. Cette année-là, je suis capitaine de l'équi de France. C'était peut-être un peu tôt. On termine quatrième. Da l'équipe, il y a aussi Jérôme Moïso, Florent Pietrus et Moustapha Sonk

Je connais ma première sélection en équipe de France le 22 novembre 2000 face à la Turquie, en même temps que Mickaël Pietrus et je dispute mon premier Euro l'année suivante, en 2001, toujours en Turquie.

Après l'Euro 2001, j'arrive au Texas. C'est à l'Alamodome, qui est aujourd'hui l'ancienne salle des Spurs, que je vais écrire les premières pages de ma carrière NBA.

Je ne m'attendais pas à ce que tout aille aussi vite. Quand Gregg Popovich m'annonce que je serai titulaire pour mon cinquième match NBA, je suis surpris, mais je sais que je suis prêt.

En France, à San Antonio ou à New York, "Titi" Henry est toujours de la partie!

2003, dans le vestiaire à domicile, l'année de mon premier titre NBA, je suis bien entouré, entre Malik Rose et Bruce Bowen. Et le totem, David Robinson, n'est pas très loin!

À 21 ans, je suis champion NBA, pour ma deuxième saison seulement! Déjà, tout va très vite, mais je n'ai plus qu'une idée en tête quand je soulève ce premier trophée : gagner encore!

L'Euro 2005 en Serbie est un souvenir douloureux pour moi. La première semaine, je ne suis pas performant et je doute même un peu. Et puis, il y a cette défaite cruelle en demi-finale contre la Grèce, qui nous prive du titre de champion d'Europe.

À quelques jours du Mondial 2006 au Japon, je me blesse au doigt en match amical face au Brésil. Ici au côté de mon père, la compétition est déjà terminée pour moi. Je ne disputerai pas un seul Mondial durant ma carrière.

C'est à Houston, en 2006 que je connais ma première sélection au All-Star. Steve Nash (ci-contre), Kobe Bryant, Tracy McGrady, Kevin Garnett, Yao Ming : je rentre dans la famille des très grandes stars NBA.

Mon troisième titre de champion en 2007 est forcément particulier pour moi. Je suis élu MVP de la finale, une reconnaissance suprême, qu'aucun Européen n'avait encore jamais reçue avant moi.

La saison 2011-2012 est un tournant majeur dans ma carrière. Après la médaille d'argent à l'Euro, Gregg Popovich me reçoit dans son bureau et me confie les clés des San Antonio Spurs, avec tout le soutien de Tim Duncan. C'est désormais à moi de porter la franchise.

Tout au long de ma carrière, Gregg Popovich ne m'a jamais lâché. Il a été rude avec moi. Mais je sais que cette relation nous a fait beaucoup grandir l'un et l'autre.

Désormais, souvent lors des temps-morts, c'est moi qui m'assois à la chaise du coach et qui prends la parole, comme le coach l'a toujours voulu.

La victoire face à l'Espagne en demi-finale de l'Euro 2013 est ma plus vive émotion sous le maillot bleu. Après cette victoire, je sais que l'on ne peut pas perdre en finale face à la Lituanie.

L'Euro 2013 est l'apothéose de ma carrière en équipe de France, avec ce titre européen derrière lequel j'ai couru pendant plus de dix ans.

L'équipe de France est une histoire d'amour. Je n'ai jamais lâché, jamais abandonné pour vivre enfin ce moment-là. En plus du titre européen, je suis élu meilleur joueur de l'Euro 2013.
Le bonheur est total.

ïtre à l'Euro 2013 à mon quatrième sacre NBA avec les Spurs en
ɩ, je vis une saison incroyable, presque magique. Et en tant que
er, je remplis ma mission en menant mon équipe jusqu'au titre.

Avec Axelle, avec qui j'ai été marié. On peut savourer tous ces bonheurs qui nous arrivent en même temps, puisque notre premier enfant, Josh, est né quelques semaines plus tôt.

Chez moi, dans ma salle des trophées, les maillots des quatre titres NBA et des six All-Star Games trônent en bonne place et mes bagues sont elles aussi précieusement conservées. En dix-huit saisons à San Antonio, j'ai laissé mon empreinte au Texas, jusque sur ma plaque d'immatriculation !

2015, j'ai 33 ans, je vais forcément moins vite qu'à 25 ans,
ais je sais que je peux encore être un joueur majeur des Spurs
qu'il reste de belles années à vivre sur les parquets.

La nouv
génération, c
d'Evan Four
ou Rudy Gob
va bientôt pren
le pouvoir. C
à moi de
montrer la

L'Euro 2015 en France se finit bien, avec une médaille de bronze. Mais je suis déçu de ne pas avoir joué à mon niveau en demi-finale face à l'Espagne. Mais il faut vite tourner la page et repartir pour une saison NBA.

Bien sûr, la saison 2016-2017 s'est achevée tristement, avec ma blessure à la cuisse en play-offs. Mais j'ai eu la chance de partager cette aventure avec Pau Gasol, ami et star du basket espagnol.

Une carrière NBA est faite de grands moments et de partage. Avec Boris Diaw, l'un de mes meilleurs amis depuis l'INSEP, on n'avait jamais imaginé jouer en NBA ensemble. Et en 2014, on y a gagné un titre tous les deux !

Avant de me blesser en play-offs contre Houston, je sentais que je montais en régime, j'avais retrouvé de très bonnes sensations.

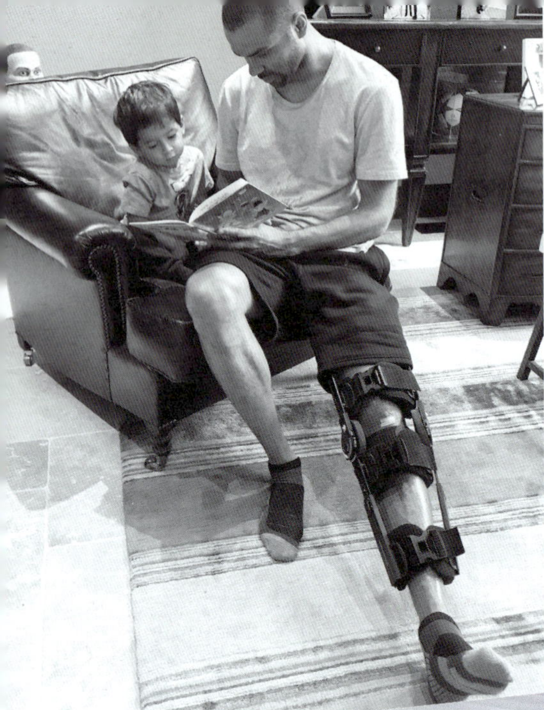

Cette rupture du tendon du quadriceps a été la blessure la plus sérieuse de toute ma carrière. Il a fallu être patient et toujours rester positif. Être avec les miens, avoir le temps de lire des histoires à mes enfants, ont été des moments précieux.

C'est chez moi, en petit comité que j'ai célébré mon union avec Axelle et c'est mon ex-coéquipier et pasteur David Robinson, qui nous a mariés

Même si je suis un businessman très occupé aujourd'hui, la famille demeure ma toute première priorité. Prendre le temps, flâner, se promener avec Josh et Liam, ce sont des moments qui n'ont pas de prix.

De retour sur les parquets, sept mois après ma blessure, je suis évidemment loin de mon meilleur niveau, mais je reviens sans appréhension.

Avec Nicolas Batum, engagé à mes côtés à l'ASVEL, l'objectif est clair : faire de l'ASVEL un grand club européen dans les années à venir.

À Charlotte, pour ma dix-huitième et dernière saison NBA, j'ai bouclé la boucle, avec Michael Jordan comme patron et Nicolas Batum comme coéquipier. Même s'il n'y a pas de play-offs au bout, cette fin de carrière me plaît bien.

12 Unes inoubliables que

LA L1 AU CŒUR DU DÉBAT

La Ligue des champions repart aujourd'hui sans club français. Le niveau de la Ligue 1 est-il en cause ? Que vaut exactement notre Championnat ? L'Équipe ouvre le débat avec Michel Platini, Raymond Domenech et Rigobert Song (Page 2)

RUGBY GELEZ EST CANDIDAT

L'ÉQUIPE

RAMÉ ASSUME

L'ENVOL DE PARKER

ARSENAL JOUE SA TÊTE

SKI ALPIN

UNE CLAQUE À ANALYSER

VOLLEY-BALL ALORS, PARIS OU POITIERS ?

FOOTBALL NONDA ET LYON JOUENT AU POKER MENTEUR

L'ÉQUIPE

CHEZ LES GÉANTS

NOUVELLES FRONTIÈRES

Sportive de haut niveau ch. bon coach pour reprendre l'entraînement.

LE MYSTÈRE DU BALLON D'OR LEVÉ AUJOURD'HUI

BAILLY, POIRÉ, TICKET GAGNANT

MONTPELLIER DIT AU REVOIR À L'EUROPE

L'ÉQUIPE

PARKER SACRÉ CHAMPION

Champion NBA avec les San Antonio Spurs, en juin, Tony Parker a été élu Champion des champions français de l'année 2003. À vingt et un ans, il est le premier joueur de basket-ball à gagner ce titre. Il devance l'équipe de France féminine de handball et l'athlète Eunice Barber. (Pages 2 à 4 et notre éditorial)

FOOTBALL BANCO À PORTO

TENNIS MONFILS ET TSONGA ENCHANTENT BERCY

L'ÉQUIPE

SUR LE HAUT DU PANIER

À vingt-deux ans, Tony Parker a signé, hier soir, un nouveau contrat de 51,8 millions d'euros sur six ans en faveur de l'équipe du basket américaine des San Antonio Spurs (Texas). Il devient le champion français le mieux payé par son club, dépassant même Zinédine Zidane. (Pages 14 à 16 et notre éditorial, page 2)

AUJOURD'HUI

France Football

DÉHU-FIORÈSE UN RETOUR CAPITAL

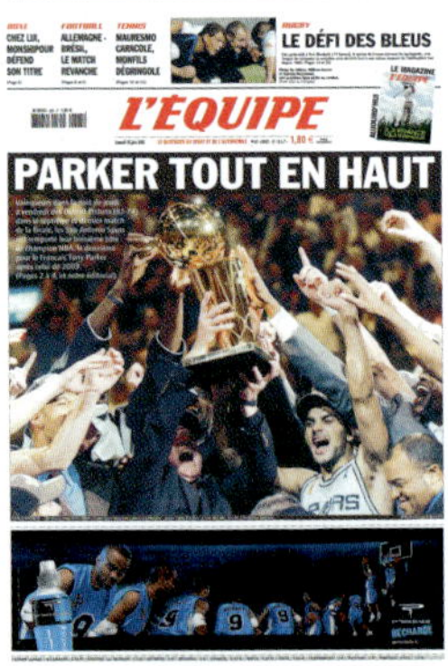
CHEZ LUI, MONSHIPOUR DÉFEND SON TITRE

FOOTBALL ALLEMAGNE-BRÉSIL, LE MATCH REVANCHE

TENNIS MAURESMO CARNCOLE, MONFILS DÉGRINGOLE

RUGBY LE DÉFI DES BLEUS

L'ÉQUIPE

PARKER TOUT EN HAUT

PAPA ET CHAMPION

RUGBY LES BOKS OUVRENT LE TRI NATIONS

ATHLÉTISME DEFAR, UN 5 000 M RECORD

AUDI-PEUGEOT : DUEL DE DIESELS AU MANS

FOOTBALL LIGUE 1, LIGUE 2 : LES CALENDRIERS

TENNIS NADAL ASSOMME

L'ÉQUIPE

LE MEILLEUR, C'EST PARKER

ROLEX

'Équipe m'a consacrées

POSTER GÉANT TOUS LES BATEAUX DU VENDÉE GLOBE

L'EUROPE REDONNE DES COULEURS AUX VERTS

L'ÉQUIPE

TROP FORT, PARKER !

55 POINTS, 10 PASSES DÉCISIVES

JUNINHO VISE LES 100 BUTS

NÎMES - REIMS : CHEFS-D'ŒUVRE EN PÉRIL

QUINZE JOURS POUR SAUVER LE GP DE FRANCE

L'ÉQUIPE

« EXCITÉ DE REVENIR »

Harinordoquy : « Ma Coupe du monde commence vraiment samedi »

Cissé, éternel revenant

Pastore, image par image

L'ÉQUIPE

L'ÉGAL DES PLUS GRANDS

Ça plane pour Mandanda

Saint-André « On veut stabiliser le groupe »

Wiggins « Ne pas faire le Tour, c'est la meilleure chose qui pouvait m'arriver »

L'ÉQUIPE

Tsonga prend un pari à quatre mains

Le charme discret de la Coupe de la Ligue

NBA

« JE VEUX ÊTRE CHAMPION »

L'ÉQUIPE

TONY PARKER

« DÉCLINER, CE N'EST PAS ENCORE POUR MOI »

FOOTBALL

BRUNO GENESIO NOMMÉ ENTRAÎNEUR DE L'OL

L'ÉQUIPE

Hall of Famer

BASKET la retraite de Tony Parker

UN RÊVE AMÉRICAIN

la Turquie à Limoges. Je suis vraiment en mode « Il faut sauver l'équipe de France ».

Les gars étaient de bonne volonté. On a bien rigolé, il y avait une bonne ambiance dans l'équipe. Mais ils n'avaient pas l'expérience, ils n'avaient jamais joué à ce niveau-là. Et face à des joueurs d'Euroligue, ça joue un peu quand même... Dans cette équipe, il y avait Dounia Issa, Yakhouba Diawara, c'étaient aussi les premières sélections de Nando De Colo, qui était tout jeune. Il y avait Stephen Brun, Steed Tchicamboud, William Gradit...

On se bat et on joue la qualif sur le dernier match face à la Turquie à Limoges. Le dernier tir, même. Sur cette action, les Turcs font prise à deux sur moi. Moi, je donne la balle à Nando et lui, il fait une action de basket. Il pénètre, il fixe et donne à Yakhouba qui est ouvert à trois points dans le coin. Il ne le met pas mais c'est un bon tir, pour moi. Il y avait beaucoup de rookies et l'équipe n'avait aucune expérience à ce niveau-là. Je n'ai jamais regretté d'avoir fait cette campagne. Je préfère venir aider l'équipe de France que de rester en vacances à ne rien faire. Chaque expérience est utile et entretient la motivation.

L'effet magique de Mafia

L'année suivante, en 2009, les jeunes arrivent. Nicolas Batum, Antoine Diot, ce sont leurs grands débuts, leurs premières sélections. Je me suis dit :

« OK, ils sont talentueux, mais ça va prendre du temps avant qu'ils puissent nous aider dans une compète. » Pourtant, on fait un bel Euro cette année-là. On gagne tous nos matches, sauf l'Espagne en quart de finale. On n'a vraiment pas eu de chance. Au premier tour, Pau Gasol, la star espagnole, était blessé et l'Espagne avait terminé quatrième de son groupe et nous, premiers du nôtre, avec six victoires et zéro défaite. Et puis Gasol est revenu en quart et, avec lui, l'Espagne a fait un match de malade.

Mais je ressors quand même de cette compète avec le sentiment que, maintenant, on va pouvoir faire quelque chose. On a les bons jeunes, l'alchimie est en train de prendre. Je sens bien qu'ils ont la bonne mentalité et qu'ils vont bien matcher avec notre génération. Sur cet Euro, on termine cinquièmes, avec huit victoires et une défaite et j'entrevois de belles perspectives d'avenir.

Cette année-là, c'est encore un match face à la Grèce, au premier tour, qui fait parler. Une drôle d'histoire. Avant le match, on est déjà qualifiés et on sait que si l'on gagne, on risque de jouer l'Espagne, notre rival historique, en quart de finale. Faut-il le jouer, faut-il le perdre ? Il n'y a pas vraiment de consigne. On hésitait tous franchement. D'un côté, on ne voulait pas calculer, ça ne marche jamais. Et de l'autre, on se disait : « Allez viens, on calcule un peu quand même… » Aucune décision nette n'est arrêtée. À la mi-temps, Vincent Collet, le nouveau sélectionneur, n'a toujours pas pris position. Et même moi, en tant que leader, j'étais hésitant sur le terrain. À aucun moment je dis à mes coéquipiers : « On le gagne » ou « On le perd ». Pas facile de jouer un match comme ça. Quand Nando met le dernier tir de la victoire (71-69), on se dit simplement que l'on va jouer l'Espagne en quart et que ce n'est pas un cadeau. C'est un peu dommage, parce qu'on aurait pu avoir une médaille sur ce championnat d'Europe. On est à 8-1 au final. Quand on voit que la Serbie, toute jeune équipe, est deuxième et la Grèce troisième, en nous ayant mis une carotte, c'est clair que c'est dommage...

Mais en 2009, on a le socle désormais. Jusque-là, il nous manquait des pièces pour gagner le titre. Là, l'espoir renaît, avec Nico Batum, un super ailier, Antoine Diot, le parfait complément pour moi à la mène. Je les prends sous mon aile. Je les emmène au resto, partout, pour avoir des discussions avec eux, leur expliquer l'importance de l'équipe de France : on vient dans cette équipe pour remporter un titre, pas pour être en vacances ou briller personnellement. On est là pour l'esprit d'équipe et pour gagner quelque chose ensemble.

Avec Bobo, on a toujours cherché à mettre tout le monde à l'aise, pour éviter le décalage entre les joueurs NBA qui gagnent beaucoup d'argent et ceux qui arrivent avec leur salaire de championnat de France. Bobo et moi, on les invitait souvent durant les stages, pour qu'on soit tous ensemble, qu'on se mélange et qu'ils ne sentent pas ce décalage. En 2008, quand je suis arrivé en préparation pour les qualifs, j'ai lancé un tournoi de jeux vidéo sur Fifa en offrant une playstation à tout le monde. En 2009, j'ai lancé le jeu Mafia[1] dans l'équipe. On ne voulait pas qu'après manger, tout le monde se casse dans sa chambre. Boris avait instauré le rendez-vous du café commun à la fin du repas et après on jouait tous. Grâce à ça, on a pris le temps de bien se connaître. Le contraire de mon arrivée en 2001 : on mangeait ensemble mais après chacun remontait dans sa chambre. On ne peut pas forcer les gens, ça doit se faire naturellement ou pas. Et en équipe de France, à partir de 2009, il s'est vraiment créé un esprit de famille. Comme aux Spurs, avec pourtant des backgrounds très différents : Manu qui vient d'Argentine, Tim, des îles Vierges, moi, de France et de Belgique. Comment savoir que ces trois-là vont créer un truc spécial auquel toute l'équipe va adhérer ? On passait du temps ensemble, Pop était à fond là-dedans. En déplacement, quand on ne partait pas dans la foulée du match, il organisait des dîners. Un truc qui ne se fait pas en NBA normalement.

La première fois que j'ai joué à Mafia, c'était à Los Angeles. À l'époque, j'étais marié avec Eva Longoria. Un groupe d'acteurs qu'on voyait souvent avait lancé ce jeu : Jennifer Lopez, qui était à fond dans le truc, Terry Crews, Amaury Nolasco, le gars de Prison Break, et quelques Desperate Housewives aussi. C'est vraiment un jeu idéal pour

1. Voir le lexique en fin d'ouvrage

apprendre à connaître les gens. Tout le monde se parle, ça met à l'aise tout le monde.

Donc, de 2009 à 2016, en équipe de France, ça a été une part importante de la vie du groupe. Jamais un joueur n'a refusé de participer. Normal, quand Boris et moi on lance le jeu, il y a encore une différence entre les stars NBA et les autres, personne n'ose dire non ! Mais tout de suite, les gars étaient intégrés et ils jouaient de bon cœur.

Je l'ai même apporté à mes camps de basket avec tous les jeunes. On faisait des Mafias géantes de plus de soixante personnes ! C'est devenu une tradition. D'ailleurs, quand on devient champions de France avec l'ASVEL en 2016, la veille du match décisif pour le titre, on est tous à l'hôtel. Après le dîner, Charles Kahudi me demande, naturellement : « Hé ! TP, on fait un Mafia ? » On a fait une partie avec tous les joueurs de l'équipe, mais aussi les kinés, les médecins, les coaches. On a joué jusqu'à près de minuit, ça a détendu tout le monde, ça rigolait et le lendemain, on a gagné le match 5 et on était champions de France !

Capitaine mais pas sélectionneur

En équipe de France, j'ai commencé en étant le petit, le jeune, le rookie. Petit à petit, j'ai pris plus de responsabilités jusqu'à en devenir le leader. À ce moment-là, l'équipe de France allait comme moi, en gros. Mais je n'ai jamais choisi l'équipe ou même un joueur, jamais influencé le sélectionneur. Quand on me demandait mon avis, ce que faisait Vincent Collet, je le donnais. Il le demandait aussi à Boris Diaw et Flo Piétrus, mais ça n'allait pas plus loin, ce sont toujours les sélectionneurs, Vincent Collet, Claude Bergeaud, Alain Weisz ou Michel Gomez, les quatre coaches que j'ai eus en équipe de France, qui ont fait leur équipe. Et j'ai toujours respecté leurs choix. Je n'ai jamais imposé qui que ce soit. C'est important que le coach prenne ses décisions. C'est le respect de la fonction.

À partir de 2009, en équipe de France, il y a une vraie réflexion sur le jeu. Vincent Collet me dit : « Tony, je sais que tu peux mettre 20, 30 points par match, mais si tu veux gagner quelque chose en équipe de France, il faut changer la façon dont tu le fais. Fais jouer plus l'équipe en première mi-temps et s'il le faut, prends le match à ton compte en deuxième. » C'est là que j'ai vraiment commencé à prendre le leadership. À partir de là, je me suis mis à faire le tour des chambres à l'hôtel pour être sûr que tout le monde allait bien. J'ai fait des sacrifices sur mon jeu pour mettre en confiance mes coéquipiers. Ça n'a jamais généré de frustration chez moi. Je voulais tellement gagner avec l'équipe de France ! 2003, 2005, 2007, on n'avait pas gagné, donc à un moment donné, il faut peut-être changer certaines choses. J'étais ouvert à cela. 2009, 2011, 2013, ce sont mes trois meilleurs Euros.

Le tour des chambres, je faisais ça naturellement, je n'avais pas de plan établi. C'était au feeling. Bien sûr, certaines discussions m'ont plus touché que d'autres. Comme avec Nico Batum lors de l'Euro 2013. Il n'était vraiment pas bien dans la compète, il avait aussi des soucis privés, il n'allait pas très bien. Avant la finale, je vais le voir dans sa chambre : « Tu sais, Nico, jusque-là, on a fait ce que l'on avait à faire. Chacun, dans l'Euro, à un moment donné, a eu son heure, a fait une grosse perf. Et la finale, c'est pour toi. Il ne manque plus que toi ! OK, tu es frustré sur cet Euro, mais si tu fais un gros match en finale, les gens ne se rappelleront que de ce match et de cette médaille d'or. On aura oublié que tu as été nul tout l'Euro ! » Bon la dernière phrase, je lui ai dit en rigolant évidemment, pour détendre l'atmosphère.

Lors de ces discussions, il faut essayer de faire la part des choses. La vie privée, ce n'est jamais facile à gérer. Souvent, aux gars qui arrivaient en équipe de France, je leur disais qu'il fallait prendre ce temps-là comme un bol d'air : quand tu joues au basket, tu joues au basket, c'est ce que tu aimes, tu laisses le reste de côté. En ce qui me concerne, par exemple, au moment de mon divorce avec Eva, je suis élu meilleur joueur de la semaine ! J'ai apprécié. Ça n'a dû m'arriver que huit ou neuf fois seulement dans ma carrière ! C'est la capacité à ne pas tout mélanger. Ça ne veut pas dire qu'on n'a pas le droit d'être triste. Mais quand on est sur le terrain, il faut faire le job. Et sur la première mi-temps de cette finale, Nico marque 17 points, il est incroyable et c'est lui qui nous met sur les bons rails...

Une autre discussion m'a marqué. C'est en 2009, avant le match contre la Belgique au tournoi de repêchage pour l'Euro. On est dans le vestiaire, il ne reste plus que Ronny, Bobo et moi. On se regarde et on se dit que ce n'est pas possible de ne pas se qualifier pour l'Euro ! On a gagné ce match de 30 points, à Pau, et on a fait une fête incroyable avec le public après le match. J'ai discuté aussi avec Nando De Colo avant le match contre la Grèce en 2011, pour casser la spirale contre les Grecs. À l'époque, Nando était notre sixième homme de luxe et je voulais lui rappeler combien il était précieux pour nous. Et il avait été très fort sur ce match-là.

La meilleure équipe de France avec laquelle j'ai joué, c'est celle de 2011. Franchement, on était vraiment forts cette année-là. On ne perd que contre l'Espagne en finale – deux fois en fait, mais la défaite en phase de poule était sans enjeu –, alors que c'était sans doute le championnat d'Europe le plus relevé. Toutes les stars étaient là, à leur sommet en plus. Et puis Joakim Noah était avec nous et ça changeait pas mal de choses. Il a apporté une énergie incroyable, c'est vraiment un joueur spécial, unique. Dommage qu'il n'ait pas fait plus de compètes avec nous. Aux JO en 2012, si Joakim est avec nous, je pense qu'on bat l'Espagne en quart de finale. J'ai essayé de le convaincre de revenir, bien sûr. Mais je peux comprendre sa position par rapport à l'équipe de France. Chacun a son propre agenda, son propre ressenti et son propre affect par rapport à l'équipe de France. Je connais les enjeux, les risques, les contrats signés en NBA. Si le gars veut se reposer, reposer son corps, je ne peux que le respecter.

En 2012, après notre défaite en quart de finale des JO contre l'Espagne, j'ai pris fortement la parole. Ce n'était pas vraiment un coup de gueule, mais plus un appel à la remotivation. On avait mené tout le match, on méritait de le gagner. Dans le vestiaire, je vois toute l'équipe déçue, abattue. Je demande à caler une réunion dès le lendemain et je leur dis : « Les gars, je sais qu'on est tous déçus, on a l'impression qu'on ne va pas y arriver, qu'on ne battra jamais l'Espagne. Mais on ne peut pas lâcher l'affaire ! Il faut qu'on revienne tous encore, l'année prochaine ! On ne peut pas partir là-dessus, personne ne doit prendre sa retraite, il faut qu'on continue ! » Et l'année d'après c'est 2013, l'Euro, le titre… Souvent, je chambre Ronny, qui ne m'a pas écouté et qui a pris sa retraite avant l'Euro : « Tu vois Ronny, je te l'avais dit de ne pas prendre ta retraite, que ça allait arriver. »

L'Espagne, notre moteur

2013, c'est un gros événement pour moi et aussi une année particulière. On vient de finir les finales NBA, avec cette défaite douloureuse en sept matches face à Miami (3-4). Sur le plan du business, je signe un gros deal avec Peak, je suis en plein boum. C'est marrant parce que, lorsqu'on perd en finale NBA contre Miami, j'hésite un peu à aller en équipe de France. J'étais vraiment fatigué à la fin de cette saison. J'avais terminé quatrième au vote des MVP, je n'avais jamais été aussi haut. Je suis le meilleur meneur de la NBA cette année-là, je pense que je n'ai jamais aussi bien joué au basket. Je suis au sommet de mon art, comme on dit. Donc j'hésite un peu, je suis vraiment fatigué et la défaite face à Miami est très dure à avaler. En plus, il y a plein de défections en équipe de France, notamment dans le secteur intérieur. On est décimés. On a des rookies à l'intérieur : Joffrey Lauvergne, Johan Petro ! Sans leur manquer de respect, ça s'annonce un peu compliqué. Je tergiverse pendant une semaine. Et à la fin, comme souvent, je me motive : « Allez, on y va, c'est parti ! »

Je suis fatigué, mais je gère. Je passe plus de temps dans la salle de muscu, j'exécute consciencieusement tous les exercices afin d'éviter toute blessure. C'était ça, ma priorité : une prépa en douceur, un entraînement par jour. Vincent Collet et tout le staff médical ont toujours été très attentifs à ça avec moi, tous les étés. J'étais toujours le dernier à finir ma saison et ils se sont bien occupés de moi. Sinon, sans programme aménagé, ça aurait été impossible d'enchaîner.

Cet Euro, finalement, est assez symbolique de mon parcours en équipe de France. On a lutté en préparation, on a lutté au premier tour de l'Euro, avec des hauts et des bas. On perd le premier match d'entrée contre l'Allemagne (74-80). Au deuxième tour, on se prend une branlée contre la

Serbie (65-77) et là je me dis que ça va être chaud, qu'on n'y est pas. On était un peu de travers sur ce tournoi. Paradoxalement, c'est l'année où je m'y attendais le moins que l'on gagne finalement. À bien y réfléchir, même quand on était dans le dur pendant la première semaine, à aucun moment je ne lâche l'affaire. Je me dis juste que ça va être compliqué. La première semaine, on ne joue pas bien, ça ne clique pas. Mais on a un socle défensif qui est là, et, avec nous, il suffit d'un match pour que ça bascule vite dans l'autre sens.

C'est le quart de finale contre la Slovénie, qui était à domicile, qui va nous remettre dedans et nous redonner confiance. Ce sera celui-là notre match référence. L'ambiance était électrique, incroyable. Le pays était à fond derrière son équipe. Et pourtant, je nous trouvais super sereins, sûrs de notre force. On savait que l'on n'avait pas joué à notre niveau jusque-là. En 2007 comme en 2009, on s'était loupés sur les gros matches. Je répétais à tout le monde que c'était là, maintenant, en quart de finale, que ça comptait. Je suis certain que ces expériences passées nous ont aidés.

Pourtant, honnêtement, en 2013 l'équipe est moins forte qu'en 2011. On perd trois matches sur l'Euro et pourtant, c'est cette année-là qu'on est champions d'Europe. On a gagné les matches qu'il fallait. Et c'est cette année-là que j'ai poussé mon plus célèbre coup de gueule à la mi-temps de la demi-finale contre l'Espagne. Ce sont toutes les années de frustration accumulées qui sont sorties dans un speech ! On est à -14, je ne reconnais pas mon équipe, on joue comme si on avait peur de l'Espagne : « C'est impossible de parler de médaille d'or si on a peur de gagner ! Ils nous dominent parce qu'ils pensent qu'on est de la merde. Ça se voit sur leurs visages, ils nous prennent pour de la merde. » Tout est sorti d'un seul coup. Dans le couloir qui nous ramène au vestiaire, je sais que je vais prendre la parole. Dès que je rentre dans le vestiaire, je commence à gueuler. Les coaches étaient en train de préparer leur truc, mais j'étais lancé. J'ai juste parlé avec le cœur, j'étais plein de rage et d'émotion, en me disant que si l'on ne gagnait pas maintenant, on ne gagnerait jamais. Tous les étés on se casse le cul pour essayer de faire quelque chose, on ne va pas tout gâcher parce qu'on a peur. Après, qu'on gagne ou qu'on perde, c'est le sport. Si l'adversaire est plus fort, on lui serre la main et voilà. Mais dans cette demie, c'était loin d'être le cas. Ce n'était tout simplement pas possible de se laisser dominer comme ça. Tout est sorti d'un seul coup.

Et ça a marché. L'équipe de France a changé de visage en deuxième mi-temps et on a remporté cette demi-finale. C'est mon match préféré en équipe de France : la victoire (75-72, a.p.), toutes ces émotions évacuées à la mi-temps et la performance individuelle, avec 32 points et le panier à 3 points pour passer devant à 1'30" de la fin. Il y a une détermination et une rage en moi qui explosent lors de ce match. Même quand Rudy Fernandez me contre sur la dernière action du temps réglementaire, ça ne m'affecte pas. Bonne défense et on passe à autre chose. La prolongation est incroyable, irrespirable, personne ne met un point pendant trois minutes ! C'est un match fou. Et là, avec Antoine Diot, on fait 8 sur 8 aux lancers francs. C'était notre moment, on a terminé le travail cette fois.

Ce match, c'est aussi une image, la plus belle de toute ma carrière en bleu : une photo où je serre très fort dans mes bras Nando et Antoine Diot, quand le buzzer retentit. Sur mon visage, on lit toute l'intensité du bonheur. Rien que d'y penser, ça me donne la chair de poule. Difficile d'expliquer les émotions que j'ai ressenties à cet instant. Tellement de choses en moi qui sont sorties d'un seul coup ! Ça se voit à la façon dont je crie. Et puis aussi la certitude qu'on va être sacrés champions d'Europe ! Je suis tellement heureux. J'ai fait tant de sacrifices pour l'équipe de France, pris des risques pour ma carrière, à enchaîner tous les étés après des saisons très longues avec les Spurs. J'aurais pu me blesser. Alors je suis content et soulagé d'être enfin récompensé. Il y a plein de sportifs qui ne sont jamais récompensés, qui travaillent dur et qui ne vivent jamais ce moment-là. Tout le monde n'a pas ce privilège. Et moi, ce soir-là, je l'avais enfin.

Ça nous pesait vraiment de perdre sans cesse contre eux. Cette victoire, c'est la plus belle émotion collective en équipe de France, pour moi. Plus forte, même, que celle qui suit le titre le lendemain. Je savais que la finale serait une formalité.

Je n'ai pourtant jamais eu de haine contre l'Espagne. C'est finalement grâce à elle qu'on a continué à pousser l'équipe de France, qu'on a toujours essayé de la faire progresser. L'Espagne a été une vraie locomotive. Pour devenir le meilleur, c'est important d'avoir un adversaire plus fort qui te pousse sans cesse vers le haut, comme Nadal et Federer, Magic Johnson et Larry Bird. Moi, tout au long de ma carrière en équipe de France, je n'ai pas vraiment de meneurs européens qui m'ont poussé dans mes retranchements. Je voulais juste battre l'Espagne. À cette époque, je dominais l'Europe sur ce poste-là et je gagnais des titres NBA. Je n'étais plus sur des objectifs individuels : je voulais gagner avec l'équipe de France.

Chaque été, quand je revenais en équipe de France, en étant champion NBA, MVP des Finals, il y avait des attentes. Pour moi, c'était la même pression qu'avec les Spurs, où il fallait gagner un titre. Une pression normale, habituelle. On avait sans doute la meilleure génération jamais vue dans le basket français, les gens voulaient un titre, c'est normal. On avait beau avoir gagné des médailles, on savait très bien que c'était l'or que tout le monde attendait. Ça ne me pesait pas. J'assumais.

Au sommet du basket

Avant de jouer l'Espagne, je suis dans un coin de la salle et je vois la Lituanie se qualifier pour la finale. Ils étaient tellement contents d'être en finale, ils sautaient partout. Nous, quand on bat l'Espagne, il y a du soulagement, de la joie, mais on n'en est plus à cette étape-là : on a déjà joué une finale en 2011, maintenant, il faut qu'on la gagne.

Le soir, au repas, on ne parle que de la finale du lendemain, en mode : « C'est bon, on va la tuer, la Lituanie, on n'a pas tué l'Espagne pour perdre en finale ! » On était tous remontés, mais concentrés. Personne n'a fait la fête. Aucun pot d'organisé par la FFBB, on était focus. Et le lendemain, on gagne 80-66. On était en mission. Là pour le coup, je n'ai rien eu besoin de dire, j'avais tout dit à la mi-temps de la demi-finale ! Ce qui est sympa avec cette finale, c'est que j'ai eu le temps de savourer le titre. Ça, c'était appréciable. Les cinq dernières minutes, j'étais sur le banc, j'ai pu vivre ce moment, embrasser tout le monde. Je me souviens du *hug* avec Vincent Collet, avec Flo Piétrus, avec Bobo. On s'est regardés et ça voulait dire : « Ça y est, on l'a fait ! » La pression s'était envolée. Alors oui, ce moment-là est magnifique, même s'il n'est pas aussi fort que contre l'Espagne. Parce que tu sais qu'au bout de ces minutes de plaisir total, tu vas enfin l'avoir, la belle médaille.

Dans le bus, toutes les « musiques de champions » y passent ! Le privilège de gagner est rare dans le sport et pouvoir le partager avec la famille, les amis, ça le rend encore plus savoureux. Quand on arrive à l'hôtel, le hall est gavé de toutes les familles, des amis ! On dîne tous ensemble à l'hôtel, avant de sortir en boîte. Je n'ai pas tellement bu ce soir-là. J'étais plutôt nostalgique. On a passé beaucoup de temps à se rappeler les histoires qui ont fait l'équipe de France et qui nous ont faits, aussi, à travers ces années en bleu. L'émotion, je vais la garder longtemps. Et l'emmener sur toute l'année qui va suivre en NBA.

Cette année-là, en deux mois, j'aurais fait le plus grand écart émotionnel de ma carrière. En juin, on perd contre Miami en finale, la plus grosse défaite de ma carrière et à la fin de l'été, j'enchaîne avec la plus grosse joie de ma carrière ! Quand j'arrive à la reprise de l'entraînement avec les Spurs fin septembre, je suis sur mon nuage, champion d'Europe. Pop, lui, va nous replonger illico dans le drame. Dès le premier jour du camp d'entraînement, il nous remontre le match 6 de la finale et cette fin dramatique. Moi, je suis tout guilleret, avec ma médaille d'or que je montre aux gars, je suis super excité. Et là, en revoyant les images, d'un coup, je me dis : « Ah oui, c'est vrai qu'on avait perdu ça. » Quoi qu'il en soit, ce titre de champion d'Europe va me donner une dynamique positive pour toute l'année avec les Spurs. Je ne me suis jamais laissé affecter par cette défaite en finale NBA 2013. Au contraire, je suis resté sur l'élan du titre européen avec l'équipe de France. Et quand je suis champion NBA en 2014, c'est l'apothéose. Champion d'Europe, puis champion NBA dans la foulée, je ne peux plus rien faire de mieux. Je suis tout en haut, au sommet du basket.

Ce titre 2013, pour moi, c'est l'aboutissement de dix ans de travail en équipe de France. Pour rien au monde, je ne changerais mon histoire en équipe de France. Je suis content d'être passé par toutes ces phases, d'avoir essuyé ces échecs pour en arriver là. Et d'avoir connu ces petits moments rien qu'à nous avec Bobo et Ronny. Après l'échauffement, dans le vestiaire, ou avant de retourner sur le terrain, on laissait partir tout le monde et on restait tous les trois, à se faire des petites piqûres de rappel, à se raconter encore ce que l'on avait vécu et par où on était passés pour en arriver là ; pourquoi on faisait tous ces sacrifices. C'était de la bonne nostalgie et plus on avançait dans les années, plus on se disait : « Putain ! c'est bientôt la fin ! Il faut vraiment profiter de ces derniers moments. » En 2013, Ronny n'était plus là, mais on était vachement nostalgique avec Bobo sur cette compétition. Si je n'avais pas eu cette médaille d'or en équipe de France, je n'aurais peut-être pas encore pris ma retraite aujourd'hui ! Sérieusement, j'aurais considéré cela comme un échec. À chaque fois que j'aurais dû parler de ma carrière, ça m'aurait coûté de dire que je n'avais pas gagné en équipe de France. Je voulais vraiment gagner un truc. C'est pour cela qu'aujourd'hui je peux prendre ma retraite en étant apaisé. J'ai réussi tout ce que j'avais envie de faire dans le basket et mieux, même. Je n'aurais jamais pu en rêver.

Le titre avec l'équipe de France en 2013 est celui que j'ai le plus apprécié, ça, c'est sûr. Le plus attendu aussi. Un poids très lourd a soudain été ôté de mes épaules ce jour-là. J'ai tendance à dire que c'est mon Euro le plus abouti, mais bon, je dis cela aussi parce qu'on va au bout ! 2011, j'avais aussi été vraiment régulier dans les performances. Sur ces deux Euros-là, je termine meilleur marqueur. Mais en 2009, j'avais aussi fait un tournoi très complet, je pense.

Après ce titre, j'ai abordé sans doute un peu différemment mes deux dernières compétitions internationales en équipe de France. Je jouais désormais avec le sentiment du devoir accompli. Pour moi, ces deux derniers tournois, c'était du bonus.

J'aurais même pu prendre ma retraite internationale en 2013. Ce qui se serait produit si l'Euro 2015 n'avait pas eu lieu en France. Mais j'ai dit : « Je vais jouer ! » Et comme à la sortie de l'Euro 2015, on s'est quasi qualifiés pour les JO – le Tournoi de qualification olympique exactement –, j'ai encore poussé un peu plus loin, jusqu'aux JO de Rio en 2016. Après, il était temps d'arrêter la sélection.

Le regret de l'Euro 2015 en France

En 2015, c'est la première fois de l'histoire du basket français qu'on est favoris en commençant un championnat d'Europe. À chaque fois que je joue en équipe de France, il y a une grosse attente. Là, c'est amplifié parce que c'est en France, mais la pression reste la même. On est désormais tenants du titre et si on repart sans la médaille d'or, ce sera considéré comme une compétition manquée. On en est conscients.

Mon vrai regret dans cet Euro, il est sur les cinq premiers matches. Je ne joue pas beaucoup car on rencontre cinq équipes moyennes qu'on doit battre et j'ai l'impression de ne jamais avoir vraiment trouvé de rythme. Quand on arrive en quart, on me dit : « Bon Tony, c'est parti ! Tu vas jouer 35 minutes, il faut démarrer, maintenant ! » Mais j'ai 33 ans désormais, les saisons s'accumulent, NBA, équipe de France… J'ai aussi un petit souci à l'épaule comme ça arrive à beaucoup de joueurs. C'est sûr que je suis un peu fatigué. Vincent m'a géré, même peut-être un peu trop sur le début du tournoi.

On arrive en demi-finale, et on rejoue l'Espagne. Et là, déception ! Je ne fais pas le match que tout le monde espérait. Je bosse pour être à chaque fois à mon meilleur niveau. Mais contre l'Espagne, je ne fais pas un bon match. On perd après prolongation (75-80) et là encore, je sais que si l'on gagne ce match, on fait le *back-to-back* et on attrape une deuxième médaille d'or de suite. On la loupe…

C'est donc un sentiment d'échec, mais pas total. C'est quand même super dur de gagner une médaille dans un championnat d'Europe. N'oublions pas que dix ans auparavant, quand on arrive, ma génération et moi, faire une médaille à l'Euro, c'était un truc invraisemblable. En 2005, quand on est médaille de bronze, cela n'était plus arrivé depuis 1959 ! Et dix ans après, on remporte de nouveau le bronze et les gens font : « Bah, c'est pas la médaille d'or ! »

En dix ans, ce changement des mentalités montre à quel point on a fait grandir l'équipe de France. On l'a menée tellement haut que les standards étaient devenus : une médaille de bronze, ce n'est pas assez bien.

À titre personnel, cet Euro 2015 reste un échec pour moi parce que je n'ai pas joué dans mes standards. Ça arrive. Pau Gasol avait été nul au Mondial 2014 en Espagne contre l'équipe de France et l'année d'après il nous en met 40 et il nous défonce ! Là, c'est moi qui n'ai pas été bon. Problème, c'était en France... On m'a demandé plusieurs fois si Vincent Collet n'aurait pas dû me sortir plus tôt dans le match, puisque je n'étais pas à mon meilleur, s'il n'avait pas manqué de courage à ce moment-là ? Ce sont des trucs de journalistes, ça. Moi, si je suis coach, j'ai mon joueur qui m'a porté pendant dix ans, je me dis qu'il va s'en sortir, comme il l'a fait toute sa carrière. Ça a été la même chose aux Spurs. Pop ne m'a jamais sorti au prétexte d'un mauvais match. Il sait que je vais revenir dans le jeu à un moment ou à un autre. Un coach, il va jusqu'à la mort avec ses joueurs. Mais je n'ai pas fait l'action sur ce match-là...

Avec le recul, il reste quand même de bons moments. L'ambiance incroyable. C'était énorme de jouer ça en France, dans le stade de foot de Lille. C'était une superbe compétition. Et puis, une médaille de bronze, c'est une médaille. Il ne faut pas cracher sur une médaille. D'autant que je n'ai pas eu besoin de faire de grand discours après la défaite en demie. J'ai senti que les gars ne lâchaient pas et étaient motivés pour aller chercher la médaille de bronze. Ce n'était pas envisageable de terminer sans médaille en France.

Sur le podium, je suis rattrapé par la nostalgie. C'est mon dernier Euro. Le public a été incroyable. Je lui en suis toujours très reconnaissant.

Les JO pour finir

Derrière, c'est le Tournoi de qualification olympique, en juin 2016. Hors de question que je termine ma carrière sur un TQO aux Philippines ! Sur le match décisif contre le Canada, je suis motivé comme jamais. Je voulais aller à Rio, terminer aux JO. Mais en tout cas, j'étais trop content d'être aux Philippines pour cette compète. Je n'y étais jamais allé. J'ai emmené ma famille, mes frères, mes amis, tout le monde était là. Pour me voir jouer une dernière fois en équipe de France. C'était un tournoi vraiment spécial pour moi. J'avais envie de profiter et j'ai passé un super séjour là-bas. On a bien rigolé. Les matches étaient chouettes, on a joué les Philippines chez eux dans une salle pleine, une ambiance de malade. Puis, en finale contre le Canada, face à Steve Nash, c'était super sympa. J'ai adoré ce tournoi. En fait, il était plein de sens. J'étais au crépuscule de ma carrière internationale. Je le savais, tout le monde le savait. J'étais totalement dans la compétition parce que l'enjeu était énorme : une qualification aux JO au bout. J'ai vraiment savouré, profité de chaque instant. C'est aussi pour ça que je devais absolument jouer le TQO.

Pourtant, le tournoi avait commencé super tôt et Axelle était enceinte de Liam, dans ses dernières semaines de grossesse ! Ce n'était pas facile. Je faisais des allers-retours entre les Philippines et San Antonio. Une fois qualifié aux JO, j'en ai fait un dernier pour voir naître mon enfant, avant de rejoindre l'équipe au Brésil. Pour ça aussi, ma bonne étoile m'a accompagné. Tout s'est déroulé dans le bon timing. Liam est né au bon moment. Il a été bon, Liam !

Ce match contre le Canada, décisif pour la qualification olympique, on en a moins parlé parce que c'était un match de TQO, mais c'était vraiment un gros match. Le Canada avait une belle équipe. Cette finale, c'était un putain de gros match ! Et j'ai sorti une perf « vintage », comme au bon vieux temps ! Se remettre de l'échec à l'Euro 2015, revenir, faire une perf et qualifier l'équipe de France, à 34 ans, sincèrement, ça m'a fait énormément plaisir. Je mets 26 points sur ce match, ça ne m'était plus arrivé depuis l'Euro 2013 !

Mais bon, tout ça c'est pour la petite histoire, parce qu'à ce moment de ma carrière, ça ne m'importe plus de faire ce genre de perfs individuelles. Avec l'équipe de France, franchement je n'avais plus rien à prouver. J'étais juste content parce qu'on se qualifiait pour les JO. Ce que je peux dire aujourd'hui, c'est que les moments vécus aux

Philippines ont été plus forts émotionnellement que ceux vécus lors du tournoi olympique à Rio.

Pendant les Jeux, je suis super heureux, mais j'ai mon deuxième enfant qui vient de naître, je l'ai vu un jour et j'ai dû repartir le lendemain. Bof... Ma vie a changé désormais. J'ai des enfants, mes frères ont des enfants et ils ne peuvent plus se libérer comme ça. J'ai fait le choix d'y aller tout seul. Je me suis dit que si tout le monde ne pouvait pas être là, je n'allais pas emmener juste ma mère ou mon père. Soit tout le monde vient, soit personne.

L'histoire s'arrête, comme un symbole, face à notre éternel rival, l'Espagne, en quart de finale. Pas de regret : sur ces JO, sur ce match, l'Espagne était bien plus forte que nous (67-92). Il faut bien partir à un moment et les JO, pour moi, c'était la bonne sortie. On fait un tournoi correct. Devant nous, on a les États-Unis, la Serbie, l'Espagne et l'Australie, quatre grosses équipes qui étaient sur notre route. Il n'y a pas de honte à perdre en quart de finale, se retrouver derrière ces quatre équipes-là et faire partie des huit meilleures nations sur ces Jeux.

C'est pour ça que je ne comprends pas vraiment pourquoi notre tournoi à Rio a toujours été déprécié. Je pense que c'est la France. On veut toujours trouver la petite bête. On a mis la barre tellement haut qu'à partir du moment où on ne fait pas de médaille, c'est qu'il y a un problème dans l'équipe. Alors qu'il y avait zéro problème. C'est juste qu'à un moment donné, tu ne peux pas gagner des médailles tous les ans. L'équipe de France sortait de quatre médailles en cinq ans. Là, on ne fait pas de médaille, ça peut arriver non ? L'Espagne nous a mis une raclée en quart et c'est peut-être pour ça que les gens ont cru à un manque d'investissement. Mais je ne crois pas que c'était le cas. On a joué l'Espagne en quart et voilà… Pour moi, c'est ma dernière compète, j'ai la même motivation. D'ailleurs, je me casse le gros orteil avant le match. Normalement, je n'aurais pas dû jouer. Surtout, les Spurs ne voulaient pas que je joue blessé. Mais pour moi, c'était impossible de ne pas jouer ce match.

Au fil de la rencontre, je comprends vite que ce sera ma dernière avec l'équipe de France. On est nettement dominés. Je suis tellement fier de toutes ces années que je n'ai pas envie de laisser un match ou une dernière défaite ternir cette immense aventure et définir ma carrière en équipe de France. Je sais que j'arrête après Rio, j'ai déjà fait la paix avec ça. Sur les dernières minutes de jeu, il n'y a pas d'émotion particulière. L'émotion, elle est entière, globale, immense, tout au long de ces années. À cet instant, je suis fier surtout. Fier de l'équipe de France, fier de notre parcours.

Dans le vestiaire, je ne prononce pas de discours. Les gars sont déçus. Ce n'est pas le moment. Ce sera au dîner, un peu plus tard. Des mots simples, des phrases courtes. J'ai simplement évoqué ma reconnaissance envers tout le monde pour ces années incroyables vécues en équipe de France. Ma fierté d'avoir partagé cela avec eux. Je leur ai simplement dit que toutes ces années resteraient gravées à jamais dans ma mémoire. C'était fini, j'avais fait ce que j'avais à faire en équipe de France. J'avais 34 ans. Il faut savoir partir au bon moment.

Dans la chambre, quand je range mes affaires, que je referme mon sac pour la dernière fois, il y a de la nostalgie, forcément. Les bons moments rejaillissent, j'en oublie les mauvais. Quelle aventure ! Pouvoir faire ça en plus avec Boris, l'un de mes meilleurs amis, c'est incroyable. Quand on était à l'INSEP, jamais on n'aurait pu s'imaginer champions d'Europe et champions NBA ensemble. Jamais. Le dernier soir, dans la chambre, on a passé beaucoup de temps à discuter, avec Bobo. On était fiers de notre parcours. Bon, on n'a pas fêté ça non plus ! On a quand même pris une danse pour finir. Il n'y a pas eu de verre en mon honneur non plus ce soir-là. Dès le lendemain, je suis reparti pour San Antonio. Mon bébé était né depuis trois semaines. J'avais hâte de retrouver ma famille. Et dès mon arrivée au Texas, les Spurs ne m'ont pas oublié : ils m'ont fait passer tout de suite des examens pour vérifier l'état de mon pied !

Béni des dieux

L'équipe de France, j'y pense régulièrement. Les bons souvenirs surtout. Parfois, lors d'un déplacement NBA, je me faisais un petit plaisir en regardant encore la demie contre l'Espagne en 2013. Ce sont des beaux et grands moments de ma vie. Quand je suis retourné pour un entraînement à

Coubertin à l'été 2018, que j'ai remis le maillot et retrouvé le groupe, ça a été une émotion particulière. L'équipe de France, c'est une grande partie de ma vie. Je n'ai jamais oublié les critiques au début de ma carrière : « De toute façon, tu ne peux pas gagner une compétition internationale avec un meneur qui score, un meneur "ballon dominant". » Ça me rappelait mon idole, Michael Jordan, dont on disait qu'il ne gagnerait jamais un titre parce qu'il n'était pas possible de gagner un titre avec le meilleur marqueur de la Ligue. Lui, à l'époque, ça le rendait fou ! Et moi, ces critiques m'ont aussi rendu fou. Pourquoi on ne gagnerait pas avec un meneur agressif ? Ça m'a motivé tout au long de ces années. Jordan s'est adapté, je me suis adapté aussi. C'est la marque des grands joueurs. En équipe de France, j'étais attendu sur chaque match. La responsabilité était énorme. Mais je me disais que j'avais les épaules pour porter ça.

Finalement, cette longue et belle histoire, tu peux la voir de deux façons. Les Spurs diront que je rentrais de mes campagnes en équipe de France fatigué et que j'aurais pu avoir encore une plus grande carrière NBA sans cela. On peut aussi dire que courir sans cesse derrière un titre en équipe de France, ça m'a nourri pour vouloir y revenir encore et ça a aussi été bénéfique en NBA. Moi, je me sens simplement béni des dieux. Je ne regrette rien. Tous les étés avec les Bleus, c'était génial. J'ai toujours en mémoire cet instant magique où Lucien Legrand me tend mon premier maillot bleu, où j'enfile le maillot de l'équipe de France pour la première fois. C'était en cadets, un tournoi à Bellegarde, un match contre la République tchèque. Quand on me donne le maillot, je le regarde et je me dis : « Ça y est, tu fais partie des meilleurs joueurs de France, tu vas jouer pour ton pays. » Que tu aies 14 ou 35 ans, cette sensation-là est unique.

Chez moi, dans ma vidéothèque, je n'ai gardé que les vidéos des titres : les quatre titres NBA et le titre de champion d'Europe 2013. Et encore, sur les quatre titres NBA, je n'ai même pas tous les matches, mais seulement celui du sacre. Sur l'Euro 2013, en revanche, j'ai gardé les deux matches, la demi-finale contre l'Espagne et la finale contre la Lituanie. De mes vingt ans de carrière, je n'ai gardé, en vidéo, que ces six matches-là. C'est tout. Pour résumer, ma carrière tient en six DVD ! Je n'ai pas la finale de Zadar avec l'équipe de France Juniors en 2000, par exemple. De même, j'ai donné toutes mes paires de chaussures, sauf celles que je portais lors des quatre titres NBA et du titre de champion d'Europe. En revanche, j'ai gardé tous mes maillots. Tous ! Ils sont à San Antonio. Même mon premier maillot à Fécamp, quand j'avais 9 ans ! En club, en sélection, aux All-Star Game… J'ai même celui du All-Star Game de Nationale 1 quand j'étais à l'INSEP. J'ai été All-Star de N1, All-Star de Pro A et All-Star NBA. C'est pas mal. J'ai gardé un maillot de chaque saison NBA, y compris celui de la dernière, à Charlotte.

Je ne changerais rien de ma vie en équipe de France. Chaque match, chaque étape, chaque expérience que l'on a vécus nous ont préparés à être champions en 2013. J'y ai fait de belles rencontres aussi, au-delà de mes amis de longue date, Boris, Ronny, Nico. S'il fallait en ressortir quelques-uns, je dirais Antoine Diot. J'avais vraiment une relation particulière avec lui, j'adorais jouer avec lui, j'aimais vraiment quand le coach nous associait sur le terrain. Antoine, c'était une valeur sûre, tu savais qu'il était tout pour l'équipe. Il est tellement sain. C'est vraiment un bon gars et on a passé à chaque fois de très bons moments ensemble. Au début de ma carrière, il y a aussi eu Freddy Fauthoux. C'est l'un des anciens qui m'a pris sous son aile. Et pourtant, j'avoue qu'au départ, j'en avais une image un peu négative. Je me disais : « Ça doit être un connard, ce gars-là. » Pour moi, à l'époque, les gars de Pau étaient trop relous ! Freddy avait l'image du chieur qui se fait huer dans chaque salle. Et en fait, il était totalement l'inverse quand je l'ai rencontré. C'est vraiment un personnage attachant, je l'ai beaucoup apprécié et en 2005, quand on a gagné la médaille de bronze, j'étais sincèrement heureux de pouvoir la gagner avec lui.

J'ai aussi toujours eu une bonne relation avec mes coaches en équipe de France. Alain Weisz, ça c'est très bien passé, Claude Bergeaud, j'ai eu une super relation. Je l'aimais bien, il pensait différemment. Vincent Collet restera évidemment une relation spéciale, parce que l'on a gagné un titre ensemble et que l'on est restés plus de sept ans ensemble. Michel Gomez, ce fut bref, un mois et demi, sur des qualifs, difficile de dire que j'ai eu une relation particulière avec lui.

J'ai emmené tant de bons moments, tant de grands souvenirs avec moi quand j'ai refermé ce sac, dans ma chambre d'hôtel à Rio, pour la dernière fois. Il y a aussi ce voyage en Croatie en 2000, pour l'Euro Juniors. J'ai 18 ans et pour moi, un voyage comme ça, tous frais payés, à la plage, c'est abusé ! Avec Bobo, on a bien rigolé. La fête après le titre a été mémorable. Bobo était bien malade. On a dû le porter, le mettre dans un caddie et le pousser jusqu'à l'hôtel ! À l'autre bout, il y a ce moment, dans la chambre, avant de faire la sieste, le jour de la finale de l'Euro 2013, avec Boris. L'un de ces moments de nostalgie, où on se remémore un peu tout et où l'on se dit que là, on peut y arriver enfin. Mais il y en a tant ! Il y a eu aussi toutes ces belles soirées dans notre camp de base, la Villa Navarre, à Pau. C'était notre cocon, on y était bien. Les cadres, on avait une chambre à notre nom. J'étais heureux quand Axelle venait me voir.

L'équipe de France, on l'a fait évoluer, en termes de structures, d'accueil, de confort. À force de jouer en NBA, on a essayé de mieux se structurer. On a fait venir les kinés à San Antonio pour qu'ils voient ce qui se faisait là-bas, on a fait entrer un ostéopathe dans le staff. On a fait en sorte de pouvoir prendre parfois un avion privé pour faciliter la récupération, on a obtenu de n'être plus qu'un par chambre lors des stages en France…

Avec Bobo, on a modifié un peu les codes de vie de l'équipe de France, en autorisant parfois les dîners optionnels, si tu avais envie d'aller manger au resto, à l'image de ce qui se fait en NBA. Ça n'a pas été facile de faire accepter cette idée, car à l'époque, en équipe nationale, la tradition c'était de prendre tous les repas ensemble. On a aussi instauré le petit déjeuner optionnel pour ceux qui voulaient dormir un peu plus. On a surtout commencé ça quand il y avait Joakim Noah. Il n'a pas dû faire beaucoup de petits déjs avec nous, en 2011 ! C'est bien qu'on ait pu évoluer sur ces choses-là.

Avec le corps arbitral, ça a été une longue route. Il a fallu apprendre à les connaître, apprendre leurs prénoms. Ça a pris presque dix ans pour que je gagne vraiment leur respect, en 2011. Avant, j'avais beau être champion NBA, All-Star, quand j'arrivais en Europe, c'est comme si j'étais rookie. Mais il fallait en passer par là. En équipe de France, il était dit que le chemin serait long et compliqué. Mais à l'arrivée, je n'ai jamais lâché et ce fut une longue et belle histoire d'amour. Quand je regarde aujourd'hui ce que l'on a fait, je suis fier de ce que l'on a accompli…

MA VIE D'HOMME D'AFFAIRES

Depuis tout petit, je savais que je voulais mettre un pied dans ce monde-là, faire du business, créer des choses. Et pourtant, mes parents n'en ont jamais fait, je n'avais rien qui me reliait à cet univers. Mais c'est mon histoire et mes rêves. Un soir, avec mon ami Gaëtan Muller, vers 14, 15 ans, on est tous les deux en équipe de France Juniors, on discute avant d'aller se coucher et je lui dis :

— Je veux aller en NBA, faire des camps de basket et quand je serai à la retraite, on achètera un club !

— OK, on fera ça !

C'étaient « nos trois rêves », comme il aime le dire. Je savais très tôt que j'allais mordre dans ce truc. Ronny Turiaf en rigolait souvent. À l'époque, je jouais tout le temps au jeu de foot Fifa Manager. Ronny disait : « Tu prépares ton après-carrière ou quoi ? » La gestion des clubs, la tenue des budgets, l'achat, la vente des joueurs, etc. J'adorais ce jeu ! Et quand j'ai racheté l'ASVEL, Ronny m'a envoyé ce message, comme un clin d'œil : « C'est bon, tu as réalisé ton rêve, tu vas pouvoir jouer au manager pour de vrai maintenant ! »

Très tôt, j'ai donc pris conscience qu'il me faudrait étudier et apprendre sur le terrain du business et de l'image. Et dès 2003 en fait, quand je deviens le premier Français champion NBA et que les demandes tombent de partout, je prends conscience que ça devient un gros truc en France. Je ne vais pas me lancer immédiatement dans le business mais je comprends que je deviens une sorte d'ambassadeur du basket français. J'ai envie de relever le défi et, sur les conseils de ma mère, je lance ma fondation, le Par Cœur Gala, je mets en place les camps de basket.

Je dois vraiment remercier ma mère pour cela. C'est elle qui a poussé très tôt à agir pour qu'on aide les jeunes qui n'ont pas les mêmes chances de réussite. Elle m'a sensibilisé très tôt à ça et quand on passe un peu de temps dans les hôpitaux, on ne peut qu'être touché et assuré du bien-fondé d'une telle action. Le Par Cœur Gala, c'est l'opportunité de changer un peu la vie des gens. On arrive à récolter entre 200 000 et 250 000 euros par an et on reverse cela à diverses associations, différentes selon les années, même si, en tant qu'ambassadeur de « Make a Wish », j'ai aidé cette association pendant plus de dix ans. Après, à titre personnel, je donne aussi la même somme à différentes associations de San Antonio et je suis aussi membre du conseil d'administration du zoo de la ville, à qui j'apporte aussi une aide financière pour protéger certaines espèces animales.

Ensuite, ma passion du basket m'a poussé à créer mes camps de basket. J'y ai pris un énorme plaisir. En général, le sportif de haut niveau qui a un camp n'y vient qu'un jour ou deux par semaine, y reste deux heures et basta ! Au début, à Fécamp, avec mes frères, on passait deux semaines sur les trois que durait le camp et je restais de 9 heures à minuit avec les enfants. N'importe quel jeune qui a fait mes camps dira que c'était incroyable. L'idée, c'est qu'il y ait un esprit familial et une réelle proximité sur le camp. Je connais les prénoms de tous les enfants, on peut venir me parler quand on veut. Je participe aux exercices, je fais des un-contre-un toute la journée ! Aujourd'hui encore, les camps durent deux semaines et je reste cinq, six jours sur place. Vu tout ce que j'ai à côté, je ne peux plus rester autant qu'avant. D'ailleurs, on a arrêté le camp de Fécamp en 2018. On va se concentrer désormais sur celui de Lyon, à l'Académie, et le camp en Suisse, qui se trouve au Rosey. Je ne peux pas être partout et si je ne peux pas faire un camp de qualité, je préfère ne plus le faire. C'est important que je sois à Lyon, désormais, et c'est plus facile pour moi d'être sur le site, tout en pouvant gérer mes business. Et notamment l'ASVEL.

Vigilant sur mon image

Dans le même temps, en 2003, je dois faire le tri parmi toutes les demandes de partenariat qui affluent. Ce sont des sources de revenu conséquentes mais je ne veux pas faire n'importe quoi. Ainsi, je choisis très soigneusement les campagnes de pub auxquelles je participe. Je tiens à contrôler de près l'image que je vais renvoyer. Sur ce point, je me suis inspiré de mon idole, Michael Jordan, qui avait réussi à donner une image quasi parfaite. À l'époque, le basket ne pèse pas lourd en France. J'avais envie de le sortir de la sphère purement sportive, pour le rendre un peu plus grand public, plus attractif.

Je ne pouvais évidemment pas faire ça tout seul. Alors, je me suis entouré, j'ai choisi une équipe pour me conseiller. En 2003, il y a Morgan Menahem, qui s'occupe du marketing, des contrats de partenariat, et Ludo Longuet, mon attaché de presse. Ensemble, on réfléchit à la façon de développer mon image. L'idée, c'était de véhiculer une bonne image à titre personnel, bien sûr, mais aussi de *vendre* le basket français. Très vite, la Fédération entre dans la boucle pour faire parler de son sport et le faire évoluer en France.

Mon premier gros contrat, c'est Nike. Ça date de bien avant mon premier titre NBA. J'avais 17 ans, j'étais au PSG. J'avais signé un contrat de quatre ans, je devais gagner 100 000, 150 000 euros par an à l'époque avec Nike. Quand je suis champion NBA en 2003, c'est le timing parfait : je suis à la fin de mon premier contrat et je resigne chez eux un gros deal de huit ans pour 1,5 million d'euros par an. C'est là que tout a vraiment commencé.

Un Tour de France du basket

La première fois que je me rends vraiment compte de l'impact, c'est à l'été 2002, quand je reviens en France après ma première saison NBA. On organise avec Nike mon premier camp de basket à la Défense. C'est de la folie ! On avait installé un parquet sur le parvis de la Défense, on avait fait venir plein de monde, Bruce Bowen, Malik Rose, Cuttino Mobley, plein de joueurs NBA. On avait organisé un match de gala, avec Yannick Noah, Gad Elmaleh, Marie-José Pérec, et bien d'autres. Le parvis était noir de monde ! Je regarde tout ça, un peu stupéfait, et je me dis : « Ces gens-là sont venus pour me voir. » Ce jour-là, j'ai pris conscience qu'il fallait vraiment que je m'entoure et que l'on fasse les choses bien. Le titre NBA 2003, dès la deuxième année, dans une saison à 16 points de moyenne et avec cette place de lieutenant de Tim Duncan aux Spurs, a ensuite lancé le processus.

Après, ça ne s'est plus arrêté. En 2003, je signe avec les lunettes Bollé, avec Kinder, Bouygues Telecom, puis je fais des pubs avec Frosties aussi, en lien avec mes camps de basket. Je m'aperçois très vite que le business est une grosse machine qui ne s'arrête jamais. À l'époque, avec Bouygues, on faisait des camps de basket, des tournées dans toute la France. J'allais partout avec mes frères. Quand on en reparle, on en rigole. C'était le début de ma carrière, on était en mode musique, en mode rock stars ! Tous les matins, on changeait de ville, on voyageait en train. On était morts ! On arrivait dans la ville, on jouait nos trois-contre-trois, on faisait la fête le soir et le lendemain matin, on prenait le train, complètement crevés, pour remettre ça dans une autre ville ! On jouait et on sortait le soir. C'était trop bien ! C'était le début de la carrière, j'avais 21 ans, je sillonnais toutes les villes de France, j'étais champion NBA, et partout où on allait, c'était plein de monde. J'ai fait cela durant trois étés, 2003, 2004 et 2005. Ça durait deux semaines environ et on devait faire une dizaine de villes.

Mes choix de partenaires ont toujours été guidés par mes souvenirs et les produits que j'ai consommés tout au long de ma vie. Par exemple, je n'aurais jamais signé avec Coca-Cola, je n'en buvais pas. À l'époque, on avait fait Powerade. C'était costaud en NBA et j'en buvais. Je voulais que ça me ressemble, que ce soit moi. Petit, avant d'aller à l'école, je mangeais des Frosties au petit déjeuner, donc c'était logique qu'ils viennent avec moi dans l'aventure. J'adorais le Nutella donc Kinder, c'était normal…

Quand tu joues à 8 000 kilomètres de la France, ce n'est pas facile de faire marcher le business et le timing était très serré pour moi. Sitôt la fin de la saison NBA, qui se terminait fin juin quand on allait en finale, et avant le rassemblement en équipe de France, j'avais en général deux, trois semaines pour faire mes apparitions, mes représentations, mes camps, tous mes trucs. Je ne prenais pas de vacances et derrière, je partais directement en stage avec l'équipe de France.

Mon apprentissage dans le business

Je trouve le business passionnant. Et puis, je fais partie de la première génération de sportifs qui, financièrement, peuvent avoir une influence sur leur propre sport. Après, on a la fibre ou non. Il y a des joueurs que ça n'intéresse pas du tout. Il faut se rendre compte que gérer un club, c'est du travail. Ce n'est pas comme une séance d'entraînement, où on passe une heure, deux heures sur le parquet et on fait ce qu'on veut le reste de la journée. Là, ça commence à 8 heures du matin : toute la journée en réunion, en débrief, à l'écoute. Toute une journée de travail. La plupart des sportifs restent quarante-cinq minutes dans une pièce et après ils ont déjà perdu leur concentration ! Le monde du business n'autorise pas ça. Mais moi, je n'ai pas l'impression de travailler quand je programme un conseil d'administration à 8 heures ou une réunion de bureau avec mes actionnaires. J'arrive à 8 heures, je suis content : on se plonge dans les chiffres, on regarde, on analyse le retour des fans, le merchandising, comment on a vendu tel produit, doit-on en baisser le prix, etc.

Ça m'intéresse parce que je suis impliqué dans tous les domaines. J'ai lu des bouquins, j'ai passé du temps à écouter les gens, j'ai toujours essayé de bien m'entourer. Au départ, bien sûr, il y a ma passion, ma vision, ma capacité à fédérer les gens et après, dans tous les domaines que je ne connaissais pas, j'ai appris. J'ai eu la chance de tomber sur des gens qui ont accepté de m'enseigner. J'ai souvent noyé de questions Stéphane Oberer, mon conseiller financier. J'ai lu tous les bouquins sur la finance qu'il me conseillait. Et, à force de bosser avec Didier Domat, mon conseiller juridique, je ne vais pas prétendre que je suis devenu avocat, loin de là, mais j'ai beaucoup appris. J'ai aussi puisé dans le bouquin de Magic Johnson, *32 Ways to Be a Champion in Business*, que j'adore. S'inspirer des expériences de ceux qui ont réussi, c'est important. Quand j'étais en déplacement, c'était ce genre de bouquins que je posais sur la table de chevet de ma chambre d'hôtel. J'ai arrêté les jeux vidéo vers 22, 23 ans. Après, je me suis préparé à cet autre monde. J'avais toujours ces bouquins avec moi. À un moment donné, il faut se former.

Quand j'ai rencontré Stéphane Oberer, il m'a tout de suite dit : « Tu as 22 ans, mais tu parles comme si tu en avais 30. » Je ne connais rien à la finance mais je demande que l'on m'apprenne, que l'on m'éduque. Chaque réunion, au lieu de durer une heure, durait souvent quatre heures ! Sur la table, dans ma salle à manger, il y avait une bouteille d'eau posée pour chaque convive ! Je savais que cela allait être long, je voulais apprendre, je voulais savoir. Je refusais de donner dix millions de dollars comme ça, pour qu'après ils partent dans la nature. Je voulais savoir pourquoi on faisait ça, pourquoi on investissait comme ça, quelle était la stratégie, quel était l'objectif final. 95 % des sportifs qui confient leur argent à des tiers leur font confiance et ne suivent plus le processus après. C'est pourquoi beaucoup se font berner et perdent de grosses sommes dans des investissements. Moi, je regarde où ça va, je participe à la stratégie. Et aujourd'hui, c'est presque moi qui décide de la stratégie.

Je me considère comme une machine

Au tout début de mon apprentissage du business, quand je jouais encore, une journée business chez moi, à San Antonio, ça commençait à 6 ou 7 heures du matin. Vers 10 heures, je partais à l'entraînement. Ensuite, je revenais, on faisait un petit lunch et l'après-midi, on discutait, on mettait en pratique les différentes situations, les différents scénarios possibles. Les personnes qui m'entouraient restaient généralement une semaine sur place, pour que j'apprenne. C'était un peu comme un séminaire. Je partais de zéro. Je ne savais pas lire ou présenter un budget. Aujourd'hui, tout cela, je le maîtrise. Mais le plus important après, quand on a les outils, c'est la capacité à prendre des décisions, à être clair face à une situation, à savoir fédérer les gens. Je pense que c'est cela, ma plus grande qualité, inspirer les gens et montrer le bon exemple. Je ne compte pas mes heures. Ce n'est pas parce que je m'appelle Tony Parker que je n'arrive pas à 8 heures du matin, quand la réunion est prévue à 8 heures.

Même quand je jouais, je n'ai jamais eu le sentiment d'en faire trop ou d'être débordé. Je me considère comme une machine. C'est passionnant ! Lors de la dernière finale du championnat de France, en juin 2019, par exemple, je suis avec l'équipe à Monaco, au lendemain du match 4 que l'on vient de perdre. Le matin, à l'hôtel, on a fait une réunion sur les finances du club de 9 heures à 13 heures, avant de quitter la Principauté ! À 14 heures, on a pris l'avion, à 16 heures, on est arrivés à Rouen, où l'équipe de France féminine disputait un match de préparation à l'Euro. On est allés directement à la salle, j'ai dit bonjour à tout le monde, j'ai salué mes joueuses de l'ASVEL, Marine Johannès et Marième Badiane, et discuté avec elles quelques minutes. À 18 h 30, le match a commencé, on est resté une mi-temps, puis on a foncé au Havre pour le match de Coupe du monde de l'équipe de France féminine de foot ! On est arrivés quarante-cinq minutes avant le match, j'ai croisé Noël Le Graët, le président de la FFF, Jean-Michel Aulas, le patron de l'OL. On a regardé le match, elles ont gagné, puis on a pris la voiture pour retourner à Rouen. On est arrivé à 1 h 30 du matin, on a dormi un peu et le lendemain, on a filé à mon ancien collège, où j'étais de la 6e à la 4e, pour un événement Paris 2024. Il y a eu des améliorations, mais je l'ai reconnu, les portes d'entrées étaient toujours bordeaux et j'ai même pu faire un tour dans ma classe ! J'y ai passé deux heures avec les jeunes et à 11 heures, on a repris la voiture pour rentrer à Paris. Dans la voiture, quand on a eu enfin quelques minutes pour souffler, j'ai regardé les personnes qui m'accompagnaient et j'ai dit tout naturellement, d'un ton enjoué : « C'était bien, ces deux jours en Normandie ! » Ils ont éclaté de rire. Ça n'avait même pas duré 24 heures, on avait traversé la France de Monaco à Rouen, on n'avait pas arrêté de bouger ! Mais j'avais trouvé ça passionnant. Avec mes amis, on appelle ça, la *fast life*. Moi, c'est ça : la *fast life*.

Bien sûr, je pourrais prendre plus de repos, plus de vacances. Mais, pour moi, il n'y a pas de secret. Quand on fait le triplé avec l'ASVEL (titres de champions garçons et filles et Coupe de France garçons en 2019), je ne me dis pas : « Waouh ! Quelle saison de rêve, quel truc de malade ! » Oui, c'est un truc de dingue, je suis fier de ce qu'on a fait, mais il y a aussi une partie de moi qui dit : « Je le mérite. » Je travaille tellement, je veux être sûr que tout le monde soit bien, opérationnel, que les joueurs soient prêts. Que ce soit dans le domaine sportif ou administratif, les résultats arrivent parce qu'il y a tout ce travail. Si tu veux marquer l'histoire, ça implique tout ce travail. C'est comme cela que je motive mes équipes. Quand les garçons de l'ASVEL sont champions, on n'a même pas encore célébré que je dis aux gars dans le vestiaire : « C'est bien, mais l'idée maintenant, c'est de créer une dynastie. Il faut qu'on essaie de dominer. » C'est comme cela que j'ai grandi avec les Spurs. Quand on a gagné trois titres en cinq ans, on ne voulait pas se contenter de ça, on voulait dominer, marquer le territoire, marquer l'histoire.

C'est trop facile de se reposer sur ses lauriers. On gagne un titre et on se laisse aller. J'aurais pu faire cela en 2016, quand on gagne le titre dès ma deuxième année comme président de l'ASVEL. J'aurais pu me dire : « C'est bien, ça va rouler ». Au contraire, ça m'a encore plus motivé pour en gagner d'autres. Et maintenant, après deux titres en quatre ans, je n'ai qu'un mot en tête : dynastie. C'est comme cela qu'on marque l'histoire d'un sport.

Je ne suis pas un patron coulant

Oui, j'aime contrôler les choses, je checke tout. En août 2019, j'ai invité les filles de l'ASVEL une semaine chez moi, à San Antonio. C'est moi qui ai établi le timing de la semaine, décidé de ce qu'on allait faire chaque jour, choisi chaque resto. Je veux être un père présent. Je dépose mes garçons tous les matins à l'école. Mais je ne suis pas non plus le genre d'homme à rester à la maison et à passer tout son temps avec les enfants. Non. En revanche, je vais passer le temps qu'il faut pour que les enfants soient certains que leur père est présent.

L'argent n'a jamais été une motivation pour faire du business. J'ai gagné ma vie avec la NBA. Je n'ai jamais voulu que l'argent, les gains potentiels, influence mes choix de business. Quand tu reprends un club de basket comme l'ASVEL, tu ne fais pas ça pour l'argent. Les gens ne se rendent pas compte, parfois. Effectivement, j'ai beaucoup d'investissements, des affaires qui ne se voient pas forcément. J'ai pas mal de millions dehors, ce sont des risques calculés. J'espère que cela va exploser un jour, pour pouvoir investir plus encore dans les projets-passions, comme celui que j'ai avec les deux ASVEL. Même si j'essaie toujours que cela soit rentable, je veux d'abord qu'ils deviennent des investissements protégés, notamment par rapport aux actionnaires qui me suivent et qui croient en moi. En ce sens, c'est certain que notre association avec l'OL de Jean-Michel Aulas protège ces investissements-là. Avec l'OL comme partenaire, tous nos investissements sont *safe* désormais.

Je ne pense pas être un patron rude, mais plutôt un patron *demanding,* comme on dit en anglais, exigeant. Je ne compte pas mon temps et j'attends la même chose de mes collaborateurs en retour. Je ne pousse pas de colère mais j'ai parfois recours à des discours de motivation. Et comme je peux choisir avec qui je vais travailler et que je veux être sûr qu'on ne lâche rien, je ne suis pas un patron coulant, ça non. Je suis directif, mais tout en déléguant. Mes employés doivent avoir de la liberté. Oui, je vais être impératif sur certaines choses, et en même temps je vais leur faire confiance. Mais, j'examine les gens avant de leur laisser des libertés. Quand j'ai fait venir Didier Domat à la maison, je ne lui ai quasiment pas adressé la parole pendant deux jours et il se demandait ce qu'il faisait là ! Avant qu'il ne devienne mon conseiller juridique, j'avais besoin de découvrir ses traits de caractère, voir comment il allait réagir aux différentes situations, s'il allait s'agacer, pousser plus loin, rester tranquille... Je voulais un peu le mettre en difficulté. Tous les employés de mes sociétés, je les ai examinés, je leur ai parlé. Non, ce n'est pas tout à fait vrai. Pour la première fois l'an passé, il y a un employé qui est arrivé à l'Académie et à qui je n'ai pas encore parlé. Mais on grossit trop vite, je n'ai pas eu le temps ! J'en connais beaucoup quand même. Rien qu'à l'ASVEL, entre le club, l'Académie et tout ce qui tourne autour du club, il y a à peu près soixante-dix personnes et je les connais toutes.

Je n'ai jamais eu peur de prendre des risques. Il faut en prendre dans le business. Aujourd'hui, je ne suis plus dans la recherche de visibilité, de partenariat image classique comme au début de ma carrière. Je n'ai plus que quatre partenaires (Tissot, Peak, Teisseire et Puressentiel). Je n'ai plus besoin d'apparaître. C'est une vraie démarche, une vraie volonté. Des offres, j'en ai toujours, pour faire des pubs, des choses comme ça. Mais ce n'est plus du tout ma priorité. Je pense qu'on a bien bossé tout au long de ces années. On a été cohérents. Quand je prends ma retraite et que je mesure l'impact que j'ai pu avoir sur l'ensemble du sport français, ça me fait chaud au cœur. Je ne regrette aucun partenariat. Ils ont tous eu un sens à mes yeux.

Villard-de-Lans, je l'ai bien senti ce projet

J'ai tellement de business aujourd'hui, dans le sport, l'immobilier, le cinéma et d'autres domaines, que je fonctionne désormais par opportunité et par affinité. Si un projet me dit, si l'idée me plaît ou pas. Comme Villard-de-Lans. Ça n'était pas du tout prévu. Jamais, je ne me suis dit que j'allais acheter une station de ski ! Et puis, un de mes sponsors du club féminin m'a amené ce projet. La municipalité ne voulait pas d'un Russe ou d'un Chinois pour racheter le domaine d'exploitation, elle trouvait bien que ça reste en France. J'aime bien le monde du ski. J'ai réfléchi, regardé les synergies que l'on pouvait créer, et la cohérence dans le cadre d'un projet global avec l'ASVEL. J'ai estimé que ça nous permettrait d'élargir notre public. Il faudra bien la remplir, dans quelques années, la nouvelle salle de 10 000 personnes ! J'ai commencé à avoir des idées : organiser un match de gala à Grenoble pour étendre la zone d'intérêt, la zone géographique, toucher un autre public ; aller à Villard-de-Lans pour les préparations d'avant-saison de nos deux équipes, pour que le club rayonne dans toute la région Rhône-Alpes, etc.

Doucement, le projet est devenu viable et intéressant : « Allez, on se lance ! » La première fois, j'y suis allé avec « MS »[1], à l'été 2018. On a pris

---

1. Marie-Sophie Obama, présidente déléguée de Lyon ASVEL Féminin (*N.d.E*)

l'hélico, on est arrivés là-bas et l'endroit m'a vraiment plu. En fait, dans le business, comme dans beaucoup d'autres domaines de la vie, c'est d'abord une question de feeling, tu t'y vois ou pas. On a eu un super feeling. Ensuite on regarde les chiffres pour voir si ça peut être un business intéressant. J'ai rencontré les deux maires, de Villard et de Corrençon-en-Vercors, puisque l'exploitation couvre les deux communes. On m'a présenté les propriétaires du domaine, deux frères de 94 et 92 ans, puis quelques personnes dans la station et je l'ai bien senti, ce projet. Après cette seule journée, je sais que, si le prix correspond à ma demande, je vais l'acheter ! Cela a coûté neuf millions d'euros pour l'exploitation hivernale et estivale. Comme souvent, j'ai la majorité des parts dans ce projet, à côté d'autres actionnaires, dont Marie-Sophie Obama, Nicolas Batum et des personnes de Villard, ainsi que le sponsor qui m'a présenté ce deal.

C'est un projet qui peut paraître étonnant, sans lien direct avec le basket. En plus, je n'ai jamais fait de ski ! Mais il faut savoir se diversifier.

C'est comme pour ma société de production. Je pensais que je n'investirais pas dans le cinéma et puis j'ai eu l'opportunité de passer à Broadway, avec *Mean Girls*, l'adaptation en comédie musicale du film *Lolita malgré moi*. Et mon show a été numéro 1 à New York ! Je suis allé au Tony Awards, l'équivalent des Oscars pour le théâtre. Encore une nouvelle expérience et de nouvelles rencontres. Une autre opportunité, une nouvelle porte ouverte, d'autres gens et ça élargit le cercle. C'est comme ça que ça marche. Et le ski, je le vois comme ça. Ça m'a déjà permis de rencontrer Martin Fourcade, de découvrir un autre monde. Je compte bien en faire un business qui marche. Mais le but n'est pas uniquement de faire de l'argent. Je veux surtout en faire un projet sympa dont les gens de la station seront fiers. Je veux garder le côté village, familial, de la station.

C'est assez incroyable, mais quand je suis rentré en France au printemps 2019, on ne me parlait que de Villard. Lors de son émission *Au Tableau !*, Mélissa Theuriau m'a dit : « J'ai grandi à Villard, c'est la station de mon enfance. » Je ne me pensais pas que cela aurait un tel impact. Le jour où j'annonce ma retraite sportive, le 10 juin 2019, je vais au concert de Maroon 5 le soir : on me parlait plus de Villard que de ma retraite ! Axelle skie depuis longtemps, mes enfants ont skié pour la première fois à l'hiver 2018 à Aspen et mes grands débuts sont programmés pour l'hiver 2019-2020 ! J'ai vraiment envie de passer du temps là-bas, été comme hiver.

Désormais, je vais marcher aux coups de cœur car j'ai déjà beaucoup d'affaires, mais je ne m'interdis rien.

L'ASVEL, mon nouveau challenge

Avec l'ASVEL, j'ai l'opportunité d'écrire encore une fois l'histoire, alors que ma carrière est terminée. C'est hyper excitant. Au départ, je voulais faire quelque chose à Paris. J'y ai joué deux ans et ça me semblait logique d'investir dans ce club. Avec Mark Fleisher, mon agent de l'époque et associé potentiel sur ce coup, on étudie l'affaire. Mais je n'arrive pas à me projeter. En plus, le maire et le président de la région voient d'un mauvais œil que le club passe aux mains d'un Américain. Et surtout, à Paris, il y a zéro public et je ne voulais pas reprendre un club sans assise populaire. J'ai alors décidé de sonder d'autres clubs. J'ai fait savoir que je voulais investir et demandé aux dirigeants de me présenter leurs clubs. Quatre délégations sont venues à San Antonio en 2008 : Lille, Montpellier, l'ASVEL et Marseille, avec leurs maires. Et à l'issue des présentations, j'ai choisi l'ASVEL. Grande ville, bassin économique, je me suis dit qu'il y avait moyen de faire grossir le budget, de développer quelque chose de sympa. J'avais aussi bien aimé le speech de Gilles Moretton, l'ancien tennisman, qui était alors le patron du club. Il me disait déjà qu'il ne tiendrait pas le poste éternellement : si je venais, il pourrait passer la main.

En 2009, je deviens donc actionnaire minoritaire de l'ASVEL. Je prends 10 %, pour 500 000 euros. En 2012, je reprends 10 % de plus. La stratégie initiale, c'est de reprendre le club après ma retraite sportive. Mais je vois bien que les sponsors hésitent à venir parce que ce n'est pas moi le président. Ça irait sans doute beaucoup plus vite si je l'étais et je décide donc de prendre le contrôle du club en 2014. Ça a été un long travail de négociation. Près de deux ans !

J'ai réussi à racheter le club pour deux millions d'euros, alors qu'il en valait cinq ! J'étais au club depuis 2009, je savais exactement combien d'argent il perdait tous les ans et ce que les actionnaires avaient dû y remettre durant cette période. Donc, quand on a entamé les négociations, j'ai tout de suite dit que je n'allais pas acheter cinq millions d'euros un club qui perdait de l'argent et dans lequel il fallait remettre au pot tous les ans. J'ai dit OK pour deux millions. Ils ont commencé par cinq millions, puis quatre, trois et demi... Je n'ai pas changé mon prix, en leur faisant comprendre qu'il valait mieux récupérer ça que rien du tout. J'assumerais toutes les responsabilités, ils n'auraient plus besoin de remettre de l'argent et ils pouvaient rester actionnaires avec moi dans le nouvel organigramme.

Face à moi, j'avais des passionnés du club, notamment les trois actionnaires historiques, Jacques Gaillard, Roland Tchénio et Michel Garcia. J'ai dit aux trois : « Vous pouvez rester avec moi, je ne vous demande pas un euro ! » Finalement, ils ont accepté. Bien sûr, Gilles Moretton était déçu. Quand on passe treize ans dans un club, ça fait forcément quelque chose de le céder. Il savait qu'il passerait la main un jour, mais il pensait le faire cinq, six ans plus tard. Ça a dû être un peu brutal pour lui, mais franchement, il a été très réglo.

J'ai fait entrer au capital Bruno Rousset et les deux joueurs de NBA, Corey Maggette et Michael

Finley. Quand je prends possession du club, j'assume tout. Dès la deuxième saison, on gagne le titre de champion de France 2016. Puis tout s'accélère. Nicolas Batum me rejoint en 2017. Il devient actionnaire des deux clubs, masculin et féminin. En cinq ans, on a désormais deux titres de champions, un Trophée des champions, une Coupe de France et on a procédé à deux augmentations de capital ! Mais ça n'a pas toujours été simple. La première fois, les trois historiques n'ont pas voulu participer à l'augmentation de capital parce qu'ils ne croyaient pas au Lyon ASVEL Féminin. Mais je leur ai dit : « C'est garçons et filles ou rien ! » Ils n'ont pas voulu. Avec Nico, on a donc supporté l'augmentation de capital tous les deux et leur pourcentage à eux trois s'est trouvé dilué. Je ne l'ai pas mal pris, j'ai respecté leur choix, ça m'a motivé. Je savais que le volet féminin était risqué, d'autant que le club féminin de Lyon était criblé de dettes. On part de très, très loin. Mais je voulais prouver que le projet global, de réunir garçons et filles, était une bonne idée et apporterait de la valeur au club. C'est incroyable ce que l'on a pu créer, humainement, en deux ans, avec le club féminin.

Aujourd'hui, quand ils voient l'évolution du club, ils regrettent leur prise de position initiale. Quand on a été champions de France avec les filles en mai 2019, ils ont été les premiers à dire « bien joué ! ». D'ailleurs, pour ne pas être un peu plus dilués encore, ils ont finalement accompagné la dernière augmentation de capital… Aujourd'hui, les actionnaires sont contents, ils suivent, ils remettent de l'argent, ils croient au projet et ils sont en sécurité avec l'arrivée de l'OL dans le capital. En cinq ans, la valeur estimée du club est passée de cinq à quinze millions d'euros.

Je suis fier de ce que l'on a construit depuis cinq ans. Sur la finale des garçons, on aurait pu faire entrer 12 000 personnes et sur la finale des filles, je suis sûr qu'on aurait pu remplir l'Astroballe. J'ai une passion, j'avais une vision, j'étais motivé et voir qu'aujourd'hui tout le monde me suit, ça fait plaisir. Le rachat de l'ASVEL, c'est le premier gros projet que je porte. Je sais que je peux perdre tous mes sous ! Je suis conscient que c'est risqué parce que le basket en France, ce n'est pas la NBA. Il y a beaucoup d'incertitudes avec le club, la salle, l'Euroligue, les partenaires, l'Académie. Qui va me suivre ? Je prends des risques dans le choix des personnes aussi. Je place Gaëtan Muller, 33 ans, à la présidence de l'ASVEL. Ça a généré beaucoup de critiques. Du style : « Parker reprend le club le plus historique de France et il place son pote à la tête ! » Je ne mets pas un pote pour mettre un pote. Si je le fais, c'est parce que Gaëtan est capable de tenir la charge et qu'il va assurer. J'ai aussi entendu : « Ils ne savent pas ce qu'ils font, ils n'ont jamais géré un budget, ils n'ont jamais signé de gros deal, etc. » C'est vrai ! Mais j'avais envie de leur répondre : « Donnez-nous une chance ! À nous de vous prouver. » Cinq ans plus tard, on voit le chemin parcouru par le club. Gaëtan, Marie-Sophie et moi, on forme une vraie triplette. Ils travaillent énormément tous les deux et leur part dans la réussite du club est énorme.

Le doublé en 2019, c'est presque une validation. La validation de tout le boulot réalisé pendant cinq ans. La France avait perdu l'Euroligue et on ramène l'Euroligue en France. Ça a été un sacré travail de sape. Quand j'approche Jordi Bertomeu, le patron de l'Euroligue, il ne veut plus jamais entendre parler de la France, il en a marre. Aux premières discussions avec lui, la tonalité c'est ça. Il a fallu redorer le blason de la France, le blason de l'ASVEL. Le fait de m'appeler Tony Parker, bien sûr que ça aide. C'est un levier pour tout, au début. Ça aide pour ouvrir la porte, pour avoir l'oreille, mais après, il faut quand même faire ses preuves, il faut qu'il y ait quelque chose derrière le nom. Tu as beau t'appeler Tony Parker, si ton projet est nul, que tu ne travailles pas et que tu penses que ça va arriver tout seul, tu ne vas pas aller loin ! En 2019, j'ai les deux titres de champions, l'Euroligue, le deal avec l'OL qui est unique dans le sport français. Donc oui, pour moi, ça valide tout le travail accompli pendant cinq ans.

J'ai mis sept millions à titre personnel dans ce projet de l'ASVEL. C'est beaucoup d'argent. Les gens me font rigoler quand ils disent : « Ouais, c'est facile, il met de l'argent ! » Mais non, je suis désolé : je ne vois pas d'autres sportifs le faire. Beaucoup n'ont pas envie de mettre de l'argent comme ça et risquer de le perdre. Ce n'est pas si facile. Et pour mettre sept millions, il faut que j'en gagne quatorze, car il y a les taxes là-dessus ! C'est énormément d'argent et ce n'est pas ma société qui le sort. C'est mon propre argent, c'est un engagement en mon nom propre. Pareil pour Nicolas Batum. On a pris de gros risques tous les deux, il faut bien que les gens comprennent ça.

Je suis allé voir des personnes beaucoup plus riches que moi, pour tenter de les convaincre de m'aider dans le projet, ils m'ont répondu que le sport ne les intéressait pas. Avec leur argent, ils pourraient changer des millions de vies, mais non, ça ne les intéresse pas. J'en connais plein qui s'assoient sur leur argent et qui n'en font rien ! Et d'autres qui ne veulent investir que si c'est certain de rapporter. J'aimerais bien que le grand public réalise ça. Moi, je prends des risques, je rachète le club, je fais l'Académie... Je ne mets pas mon argent dans des business qui vont rapporter à coup sûr.

Dans le business, je n'ai pas d'états d'âme

Diriger un club, c'est aussi prendre des décisions difficiles. L'éviction de Pierre Vincent de son poste d'entraîneur en novembre 2014 est la plus délicate que j'ai dû prendre depuis que je préside ce club. C'est quelqu'un que j'ai beaucoup apprécié, qui a énormément influencé ma carrière, c'est un bon coach. Ça a été dur pour lui. Il a été super réglo avec le club, mais il a depuis coupé les ponts.

Aujourd'hui, nous n'avons plus de relation. C'est mon seul regret. Ça reprendra peut-être un jour. Mais, à l'époque, pour moi, c'était la bonne décision. À tous ceux qui travaillent avec moi, à mes amis aussi, je dis : « Peut-être qu'un jour, il faudra que je prenne la décision de ne pas vous garder. » Je ferai toujours ce que je pense être bon pour le club. Ça ne veut pas dire que j'aurai tout le temps raison. Mais vu les résultats qu'on avait à ce moment-là avec Pierre Vincent, les doutes des actionnaires, le fait qu'il avait aussi perdu la confiance des joueurs, ce n'était plus possible de continuer. Je l'ai appelé, je lui ai expliqué la situation. J'ai tout de suite senti, au bout du fil, qu'il était touché. Mais il a été réglo, il n'a pas fait de procès au club, à l'inverse de JD Jackson, licencié en janvier 2018, qui me dit que tout est bon et qui me fait un procès derrière ! C'est dommage, parce qu'on a gagné notre premier titre avec JD en tant que coach. Je lui en serai toujours reconnaissant. C'est le coach de notre premier titre. Mais ensuite, on a vu qu'il ne serait pas celui qui pourrait nous mener à l'étape suivante. Je sais que j'ai eu raison. En 2019, on fait le doublé avec pratiquement la même équipe, à deux joueurs près. Ça prouve que j'avais raison. C'est le business, c'est comme ça. Je ne suis pas quelqu'un de rancunier. On réglera ce que l'on a à régler avec nos avocats. C'est la vie.

Quand mon frère TJ prend la suite après JD Jackson et finit la saison, qui peut penser une seconde que c'est facile pour moi de lui dire qu'il doit repasser assistant-coach pour la saison suivante ? Ce sont des décisions qu'il faut prendre et que j'assume. C'est moi qui prends la décision de travailler avec la famille, les amis, quand ils sont compétents et qu'ils peuvent faire le job. Mais je n'ai pas d'états d'âme. Il y a le temps famille et amis, et le temps business. Je ne vais pas mettre en péril tous mes investissements et ceux des actionnaires qui croient en moi, juste parce que j'ai décidé de maintenir en place un ami ou un membre de la famille. Aujourd'hui, je pense que mon frère est prêt, qu'il a les épaules et assez d'expérience pour tenir l'équipe, désormais. Mais à l'époque, par rapport aux échéances qui arrivaient, ce n'était pas le bon timing. Peut-être que je le surprotège. Il a compris ma décision. Son temps viendra et je lui donnerai sa chance, c'est sûr et certain. Il a appris avec Pierre Vincent, il a appris avec JD Jackson, il a appris avec Zvezdan Mitrovic. Mon frère a plus de dix trophées, en tant que joueur et assistant-coach, il connaît le championnat de France par cœur. Il est prêt. Dans la logique des choses, c'est lui qui prendra la suite. En tout cas, je le prépare pour ça.

Tous ego ?

Le business d'un club de sport a une grande part d'humain et de relationnel. C'est mon job aussi de gérer les ego de tout le monde. On ne peut pas être un bon leader sans composer avec les ego de tout le monde, comprendre les problèmes de tout le monde. Je prends beaucoup de temps à apprendre qui sont mes joueurs, leurs femmes, les enfants... Les filles de l'ASVEL, elles sont comme mes filles. Je n'ai pas de filles à la maison et je dis toujours que l'équipe féminine, c'est « mes fifilles ». Je passe beaucoup de temps avec elles au téléphone, j'ai vraiment une relation spéciale avec elles. Avec les garçons, j'ai une vraie relation aussi, mais c'est moins poussé. Quand je vais parler quatre, cinq fois par mois au téléphone avec une joueuse, ce ne sera qu'une fois avec un garçon. Je suis un président proche de ses joueurs, ça, c'est sûr. Si Charles Kahudi signe un contrat de cinq ans chez nous, ce n'est pas un hasard. Si Edwin Jackson revient à l'ASVEL, c'est parce qu'on est super proches. Idem, avec les joueurs américains, j'essaie toujours de garder un contact. Je ne suis pas obligé de faire ça. Mais, j'ai presque le même âge qu'eux, les mêmes délires. Quand on a fêté le titre des filles au printemps 2019, j'ai dansé avec elles. Elles m'ont dit qu'elles n'avaient jamais eu un président qui dansait avec elles, qui buvait à la bouteille et qui prenait des shots avec elles ! Avec Marie-Sophie, c'est même nous qui ambiancions la fête ! Généralement, le président a vingt ou trente ans de plus qu'elles. Ça fortifie le lien humain qui existe dans notre club.

Je suis tellement attentif au bien-être de mes joueurs et joueuses que la gestion à distance du club n'a jamais été un problème. Exemple : Alysha Clark. Je l'appelle en janvier 2018, pour lui propose de signer dans mon club. Je la connaissais un peu, elle avait joué à San Antonio en WNBA, mais je ne l'avais jamais rencontrée. Elle signe chez nous, la fin de saison se passe, on perd en demi-finale. Puis la saison reprend, et je n'ai toujours pas vu Alysha. On se parle plusieurs fois par mois au téléphone, on rigole bien. La première fois que je la croise, c'est le matin du match 1 de la finale, le 6 mai 2019, alors qu'elle est chez nous depuis un an et demi ! On s'est fait un gros câlin, comme si on se connaissait, alors que c'était la première fois que je la voyais ! Mais on avait tellement discuté tout au long de la saison que finalement, c'était comme si on s'était vus tous les jours.

C'est ça qui est fort, le lien qu'on arrive à créer alors que je ne suis pas très présent à Lyon ! Maintenant que je vais être là plus souvent, ça va être génial. Ça va être sympa de venir toutes les six semaines, d'être là pour les grands rendez-vous : la Leaders Cup, les gros matches d'Euroligue. Je pourrai faire quelques déplacements avec l'équipe.

Et le basket dans tout ça ?

La saison 2011-2012 est la première de l'ASVEL où j'ai la main sur le sportif. Je joue même avec l'équipe ! Je ne pouvais pas choisir l'enveloppe financière, c'est Gilles Moretton qui en décidait, et je faisais avec. C'est la première année où je choisis les joueurs, l'entraîneur et même le kiné. À cette époque, j'apprends encore, je ne sais pas trop où je vais vraiment. J'ai investi un million d'euros, j'ai 20 % du club. Si je n'aime pas, je revendrai. La saison sportive est mauvaise, mais je ne pense pas que je ne suis pas bon dans ce job. Elle est un peu tronquée, cette saison. Avec le lock-out NBA, Ronny Turiaf et moi, on a joué pendant deux mois à l'ASVEL. On a bien commencé, on a qualifié le club pour le Top 16 de l'Eurocoupe. Après, on est repartis en NBA et les joueurs ne savaient plus trop quels rôles ils avaient. On termine dixièmes cette saison-là, on ne fait pas les play-offs. Une saison bizarre. Ma première saison. J'ai fait l'équipe avec Pierre Vincent qui était novice aussi dans le coaching des garçons. C'était un apprentissage. On a fait avec ce que l'on avait et on était tous les deux rookies.

L'année d'après, en 2012-2013, on a fait une vraie saison, on a terminé troisièmes de la phase régulière, on était en demi-finales du championnat et de la Coupe de France. Avec la même enveloppe que la saison précédente. Déjà beaucoup mieux !

C'est à partir de 2014, quand je deviens président, que j'investis vraiment, qu'on commence à monter de grosses équipes. D'ailleurs, cette saison 2014-2015, on perd au premier tour des play-offs contre Le Mans et Nico Batum est au match à l'ASVEL. À l'époque, il est dans le projet du MSB, avec la direction du club. C'est là qu'on a nos premières discussions. Nico n'était pas très heureux au Mans, il n'avait pas la sensation de faire partie d'une famille. Il y avait beaucoup de gens âgés et il ne s'y retrouvait pas. Quand il voit mon équipe, jeune et tout le temps en train de rigoler, avec Gaëtan, Yohann Sangaré, Alexis Lefebvre, il me dit qu'il aimerait bien me rejoindre à l'ASVEL. Au début, je ne le prends pas trop au sérieux, je pensais qu'il voulait faire son propre truc au Mans. Mais on en reparle durant l'été en équipe de France, puis en 2016. Après le titre de champion, je réfléchis à reprendre le club féminin, j'en parle à Nico. Je lui dis que ce serait parfait s'il venait : il faut qu'on soit plusieurs, qu'on allie nos forces pour construire un gros club d'Euroligue. Et là, j'ai vu ses yeux briller. Il était conquis et ça a basculé. Il a annoncé au Mans qu'il partait et maintenant, il est heureux avec nous. Il a complètement sa place, il gère le sportif, le centre de formation. Il a la fibre. C'est lui qui a poussé pour que l'on recrute Mantas Kalnietis. Il a mis sa patte.

Lors de la saison 2018-2019, dans la cellule de recrutement, on est cinq à faire l'équipe : Gaëtan, Yoyo Sangaré, Nico, le coach et moi. Chacun pousse pour ses joueurs préférés et il se fait chambrer quand l'un ou l'autre de ses poulains fait un mauvais match. Moi, j'ai poussé pour David Lighty, par exemple. Mais, s'il y a un échec ou une erreur de recrutement, on l'assume tous, c'est un choix collectif. Comme pour John Roberson. Je ne pensais pas qu'il allait faire la fête tous les soirs en boîte et partir en vrille. À l'inverse, David Lighty va sûrement passer sept ans chez nous et il n'y a jamais eu un problème, il n'a jamais manqué un seul entraînement. Le recrutement, ce n'est pas une science exacte. On a notre philosophie de club, on aime bien donner des contrats longs. Parfois, on va tomber sur un John Roberson. On l'avait signé deux ans, ça n'a pas marché. On trouve un deal, ça coûte un peu d'argent pour le sortir, mais c'est comme ça, on assume. Et depuis que j'ai repris le club, ça a marché. On a gagné des titres, on a créé du lien avec les fans. Ils se reconnaissent dans une équipe qui a une identité, qui garde ses joueurs. C'est rare en France. Tous les clubs de Pro A changent complètement leur équipe chaque année. Et désormais, Jean-Michel Aulas aura son mot à dire et sa voix comptera aussi dans la cellule de recrutement.

Les relations avec l'OL

L'entrée de l'OL au capital de l'ASVEL en juin 2019 est une date clé dans l'histoire de notre club, forcément. La première fois que j'ai rencontré Jean-Michel Aulas, c'était en 2006. Il était venu pour un événement EA Sports. On avait bien sympathisé. Ensuite, à partir de 2009, quand j'entre à l'ASVEL, il vient soutenir ma fondation au dîner du Par Cœur Gala. Il est toujours venu me soutenir, en fait. À sa façon, il a pris, lui aussi, quelques années pour observer. Voir ce que j'allais faire avec ce club. En 2016, quand on est champions, il est l'un des premiers à m'envoyer un texto pour me féliciter. Et quand l'opportunité de collaborer vraiment s'est présentée, tout est allé très vite. On s'entendait déjà bien, en dehors du business.

On a trente ans d'écart. On ne sait jamais avec qui ça va matcher. Il y a des gens de mon âge avec qui ça ne passe pas du tout. C'est une question de feeling. J'ai toujours apprécié les gens qui réussissent. Ça inspire. Quand je discute avec lui, j'ai l'impression que c'est une machine lui aussi, une tornade ! En réunion, on est sur la même longueur d'ondes aujourd'hui. Et pourtant, au début de notre rencontre, on ne parlait pas du tout business, c'était vraiment une rencontre amicale et un respect mutuel. Je n'aurais jamais pensé que l'OL serait intéressé à l'idée d'investir chez nous. C'est d'ailleurs lui qui a lancé les premières discussions à ce sujet, en décembre 2018. Moi, je n'aurais jamais osé approcher l'OL ! Un jour, il m'a appelé :

— Tony, je pense que ça peut être un bon truc qu'on travaille ensemble.

Surpris, mais enthousiaste, forcément, je lui fais répéter :

— Ah bon, ça vous intéresserait ?

Pour nous, c'était une opportunité incroyable même si je n'étais pas spécialement à la recherche d'autres actionnaires. Avec Nico, on mettait notre propre argent et on arrivait à tenir comme ça. Mais là, avoir une force de frappe comme ça ! On a commencé à discuter, à voir les synergies que l'on pourrait créer ensemble. Il fallait que ce soit un deal donnant-donnant, voir ce que moi aussi je pouvais leur apporter. Et on est arrivés à cette association. Je pense qu'il s'est rendu compte de la force du basket avec la NBA. Il y a un fonds d'investissement chinois et un fonds américain dans le capital de l'OL, deux pays qui adorent le basket. Je pense que dans son esprit, ça a commencé comme ça.

Ensuite, il y a l'opportunité de la salle. Avec l'ASVEL, il peut développer son offre. Jean-Michel Aulas est un entrepreneur, il cherche sans cesse les moyens d'élargir ce que l'OL peut proposer. Si j'avais été président de foot, j'aurais fait pareil. Basket-foot, on est très liés. On voit toujours les footeux dans les salles NBA. Thierry Henry, Griezmann, Zizou, Mbappé qui était à Golden State pour la dernière finale NBA : c'est tellement logique. Pour la finale de nos filles, les footeuses de l'OL étaient dans la salle. En plus, le Barça a pris Pau Gasol comme ambassadeur, Jean-Michel a dû se dire que Tony Parker en ambassadeur de l'OL, ça pouvait avoir du sens.

Il est vraiment impliqué dans le projet de l'ASVEL. Il n'est pas juste là pour apporter de l'argent. À l'été 2019, on a tenté de faire venir Dee Bost, le meneur de Monaco, et Jean-Michel avait les yeux qui brillaient. Il m'a demandé :

— Dee Bost, c'est bien le meneur qui nous a tués sur les matches 3 et 4 ?

— Oui, oui, c'est ça !

Il était prêt à mettre tout de suite 200 000 euros de plus pour qu'on le fasse venir chez nous ! Il met beaucoup d'argent dans l'ASVEL, 18 millions d'euros au total, et il est logique qu'il participe à la construction de l'équipe. Je voulais qu'il soit dans la cellule recrutement.

Le basket, ce n'est pas les sommes du foot. L'OL investit 2,5 millions d'euros par an en tant que partenaire de l'ASVEL garçons et Aulas pourrait en mettre 3,5 s'il voulait. Mais je ne veux pas abuser. Dans aucun club de basket français, un partenaire privé n'est arrivé en injectant 2,5 millions d'euros par an sur cinq ans. Il n'y a que le foot qui peut faire ça. On a déjà 1,1 million par an de notre partenaire LDLC, ce qui est énorme. Les autres gros clubs, comme Strasbourg ou Le Mans, leurs plus gros sponsors doivent être aux alentours de 300 000 ou 400 000 euros !

Avec Jean-Michel, je travaille à livre ouvert. Il sait très bien que, désormais, Nico et moi, on ne mettra plus le million des années précédentes. Je me concentre maintenant sur l'Académie. Il faut qu'elle démarre bien et il y aura des investissements à faire. Je n'allais pas injecter de l'argent tous les ans, ce n'est pas le but. Il n'y a que sur les filles qu'on a remis 500 000 euros chacun, Nico et moi, pour la saison 2019-2020.

L'entrée de l'OL au capital de l'ASVEL n'est pas le signe d'une prise de pouvoir. Ça n'est pas dans l'air du temps. Je compte garder le club pendant longtemps. Dans mon pacte d'associés, je dois rester président encore cinq ans minimum. Je ne pense pas comme ça. Pour l'instant, je suis dans le club, je suis à fond, je veux y rester. Pour autant, je ne peux pas dire ce qu'il va se passer dans dix ans. Dans cinq ans, oui, je serai là. On va développer encore le club, on va construire la nouvelle salle, j'espère qu'on aura l'Euroligue à vie. Dans cinq ans, je ne sais pas non plus où sera Jean-Michel. Il aura 75 ans. J'aime bien réfléchir par période de cinq ans. On vient de faire cinq ans, je vais refaire cinq ans et on fera un point après. Avec 25 %, l'OL est déjà le deuxième plus gros actionnaire du club. Est-ce qu'il voudra monter en puissance ? On verra. Je vais travailler main dans la main avec l'OL et pour l'instant, il n'a pas vraiment besoin de prendre plus. Moi j'ai 55 %, Nico 15 % et les 5 % restants sont dilués. Ce qui est certain, c'est que maintenant, je ne prendrai plus une décision sans en parler à OL Groupe et à Nico. Mais j'aime bien cela. OL Groupe ne peut que nous faire progresser.

Jean-Michel est le meilleur président, tous sports confondus des trente dernières années, et de loin. L'OL, c'est une machine de guerre, cotée en Bourse, qui a fait 300 millions d'euros de chiffre d'affaires l'an dernier. On a tout à apprendre d'eux. Avec Gaëtan, on a fait ce que l'on a pu jusqu'ici pour faire passer la valeur du club de 2 à 15 millions. Avec l'OL, c'est la prochaine étape. En mutualisant les partenaires par exemple, notamment sur la branche féminine, où l'OL domine le foot européen.

J'essaie d'inspirer les gens

Quand ils se sont engagés à l'ASVEL, Jean-Michel et son bras droit, Thierry Sauvage, ont participé à leur premier conseil d'administration dans la foulée. C'était très symbolique et émouvant de voir l'OL à la même table que Marc Lefebvre, président de l'ASVEL dans les années quatre-vingt-dix. Pour moi, l'avis de Marc est important, il est un pan de l'histoire de ce club. On est neuf au conseil désormais, six de l'ASVEL et trois de l'OL. Dix dans l'actionnariat du club.

Ce qui me plaît surtout dans la gestion d'un club, c'est d'inspirer les gens. Avoir une vision, générer une motivation, fixer des objectifs, fédérer tout le monde. J'aime ça. Je prends l'exemple d'Alexis Lefebvre. C'est un petit qui a fait mes camps de basket à Fécamp, je l'ai connu comme ça, il y a quinze ans. Avec Alexis on est restés en contact parce que j'ai toujours vu quelque chose en lui. À 23 ans, quand il finit ses études, je lui propose de me rejoindre dans l'aventure ASVEL en 2014. C'est son premier job. Il entre pour manager les équipes chargées de l'événementiel sur les jours de match, la billetterie, etc. En 2017, quand je décide de racheter le club féminin, je souhaite mutualiser les compétences. Je lui propose donc de travailler avec moi aussi sur le club féminin.

— Oh ! non, Tony, je ne veux pas faire le basket féminin, ce n'est pas pareil.

— Écoute-moi bien : à la fin de l'année, sois tu viens avec moi, soit on se serre la main, comme des grands garçons. En gros tu es viré, tu quittes le club !

— Tu es sérieux Tony ?

— Oui, je suis sérieux. Voilà comment je vois le truc : tous ceux qui sont là, soit ils acceptent de mutualiser les compétences sur les deux équipes, soit ils ne font plus partie de mon club. C'est ma vision et je ne veux pas garder des gens qui n'y croient pas.

Je lui ai posé un ultimatum, il était choqué, c'est un ami proche pourtant. Il a accepté, il est resté au club et aujourd'hui, c'est le fan numéro 1 de l'équipe féminine, il me parle plus du Lyon ASVEL Féminin que des garçons ! Quand je lui ai demandé en mai 2019 de me suivre dans le projet NorthRock Family Office, basé aux États-Unis, destiné à conseiller les sportifs et les artistes dans la gestion de leur patrimoine, il avait presque les larmes aux yeux de devoir quitter les filles de l'ASVEL. C'est tellement bon de faire adhérer les gens à une aventure et de voir combien elle les porte ! Les visages radieux quand il y a un titre au bout, ça n'a pas de prix.

Gagner un titre en tant que président, ce n'est pas comparable avec les quatre titres NBA et le titre de champion d'Europe en tant que joueur. Quand tu es président d'un club, tu choisis tout, de A à Z. Quand tu es joueur, tu es focalisé sur la saison sportive, sur l'équipe. Le cocon est beaucoup plus resserré, même si j'ai eu la chance en NBA d'être dans un club très famille, ce qui n'est pas le cas de la plupart des franchises. Quand on gagne en tant que patron d'une équipe, on est surtout content pour les autres. Et fier aussi qu'ils aient adhéré au projet. Charles Kahudi, par exemple, après notre deuxième titre en 2019, il aurait pu partir en Europe, pour prendre plus d'argent. Mais il a choisi notre projet et il a gagné deux titres de champion alors qu'il n'en avait jamais gagné avant ! Quand on se retrouve à la fin du match 5, le feeling est énorme. Mitrovic, le coach, aurait pu rester à Monaco où il gagnait plus, mais il décide de venir chez nous parce qu'il estime avoir plus de chances de gagner le titre avec l'ASVEL. Ce sont des choix forts. Paoline Salagnac quitte Bourges, club historique du basket féminin, pour nous rejoindre, alors que la première année, on ne joue même pas de Coupe d'Europe et qu'elle jouait l'Euroligue l'année précédente avec Bourges ! Valéry Demory, notre coach des filles, qui venait de gagner deux titres en quatre ans à Montpellier, dit non à un contrat de six ans pour venir chez nous, parce qu'il croit en nous, il connaît mon père, il me connaît depuis que je suis tout bébé, il sait comment on est. Ce sont des signes forts. Ça se sait, maintenant, comment vit ce club, l'aventure humaine qu'on peut vivre à l'ASVEL, ce côté très famille. Ça déteint.

On va sans doute créer beaucoup de jalousie, c'est normal. Les gens qui me connaissent savent que si je fais cela, c'est pour le basket français. Comment peut-on être contre nous ? On le fait pour les bonnes raisons, on est des gens sains. Je crois beaucoup au karma. Certains considèrent qu'on est une mafia, ce n'est pas grave. Les gens qui nous rejoignent voient comment on est. On ne triche pas.

En fait, la construction et le succès de ce club sont allés plus vite qu'on ne le pensait. Le titre de champions de France en 2016 n'était pas prévu. Quand je reprends le club en 2014, on avait envisagé le coup d'accélérateur au bout de trois ans et, dès la deuxième année, scénario incroyable ! Au-delà du titre, c'est aussi la façon dont on le gagne qui nous construit. Pour la première fois, une équipe menée 0-2 en finale gagne trois matches d'affilée ! C'est ce qui rend l'épopée encore plus magique. En plus, je n'étais pas là lors des deux premiers matches, je reviens et l'équipe se surpasse ! Alors que Strasbourg était beaucoup plus fort que nous cette année-là. On doit avoir un truc ! Avec mes frères, ça nous fait rigoler : nous, quand on va en finale, on gagne, sinon on n'y va pas ! Je sais très bien qu'un jour j'en perdrai. Mais pour l'instant, on les gagne. Une finale, ça se gagne. J'ai l'impression que, depuis tout petit, je me suis toujours surpassé : on me disait que j'étais trop petit, trop maigre, que je n'y arriverais jamais. C'est ce que j'essaie de transmettre à mes équipes.

Je vois dans les yeux des gens que je deviens crédible

À la mi-temps du dernier match de la finale 2019 contre Monaco, je suis entré dans le vestiaire pour parler aux joueurs. La première mi-temps n'avait pas été bonne, l'atmosphère était lourde, un peu plombée. Je n'avais finalement pas grand-chose à leur dire, mais j'avais juste envie qu'ils se lâchent.

Ils ne jouaient pas, ils subissaient. « Mais pourquoi vous laissez la pression gâcher tout votre travail de l'année ? C'est maintenant qu'il faut tout donner et prendre le plus de plaisir. Ces moments-là, ils sont faits pour vous, pour vous surpasser. Ne pensez pas au résultat. Le résultat sera ce qu'il doit être. Qu'on gagne ou qu'on perde, ce n'est pas grave à la fin de la journée. Mais jouez-le, ce match, prenez du plaisir, faites ce que vous avez à faire. Et sûrement que le résultat viendra tout seul. On a été premiers toute l'année, toute la saison régulière, on le mérite, on les a battus déjà cinq fois. Faites les choses, ne pensez pas à la finalité du truc. Lâchez-vous et quoi qu'il arrive, je serai fier de vous. Mais on ne peut pas perdre comme ça. Là, ils nous marchent dessus, ils ne nous respectent pas et on leur donne les ballons. »

C'était un discours positif, remobilisateur. Rien à voir avec celui que j'avais tenu à la mi-temps de la Coupe de France, gagnée face au Mans quelques semaines plus tôt, où là, j'étais un peu énervé parce que j'estimais qu'ils faisaient n'importe quoi.

Sûrement que mes discours, que ce soit sur la deuxième partie de ma carrière ou maintenant en tant que patron de l'ASVEL ou dans d'autres business, pèsent un peu aujourd'hui. Cela vient sans doute de l'expérience, du travail que j'ai fourni pendant toutes ces années et des titres que j'ai gagnés. Je deviens crédible, je le vois dans le regard des gens. Ils sont attentifs, ils écoutent ce que je dis. Il n'y a aucun joueur de basket qui ne va pas m'écouter. J'ai été à leur place. J'ai gagné des finales, j'en ai perdu, j'ai eu une grosse blessure. Toute ma carrière m'a préparé à ce rôle-là.

J'entretiens, en règle générale, de bonnes relations avec les présidents de club. En premier, je citerais Christophe Le Bouille, le président du Mans. J'adore son club, j'adore ce qu'il fait avec Le Mans. J'apprécie aussi beaucoup le travail de Jean-Louis Borg et Thierry Degorce à Dijon, et pas seulement parce que Thierry est actionnaire du Lyon ASVEL Féminin ! Martial Bellon et Vincent Collet à Strasbourg également. C'est un club structuré. Nos deux clubs se ressemblent et on communique beaucoup. J'ai évidemment un lien affectif fort avec Boulogne. J'aime beaucoup le coach Freddy Fauthoux et maintenant que le club va être dirigé par Boris Diaw et Alain Weisz, que Mous Sonko arrive, le lien va encore se renforcer. J'aime bien aussi le travail de Bourg-en-Bresse. Fred Sarre fait un boulot monstre et le coach de Bourg, Savo Vucevic, était celui de Bondy, une équipe contre laquelle je jouais quand j'étais à l'INSEP ! On entretient de bonnes relations de voisinage avec Bourg. Ça se passe très bien avec Gravelines et Hervé Beddeleem aussi. Il est toujours en train de me soutenir, de m'envoyer des mails, des textos, pour me dire qu'ils sont derrière nous. En plus, j'ai fait mon CP et mon CE1 à Gravelines, donc c'est une ville spéciale pour moi. J'adorais aussi Limoges avec Fred Forte, malheureusement décédé le 31 décembre 2017. Désormais, j'ai moins de contact avec Limoges. À Pau, j'étais très proche de Pierre Seillant, l'ancien président emblématique du club, mais ça se passe aussi très bien avec Didier Gadou maintenant. À Nanterre, je m'entends super bien avec Franck Le Goff, qui a fait mes camps pendant longtemps.

L'Académie, mon école internationale

Mon grand chantier désormais, c'est l'Académie. L'idée a germé au travers de mes camps de basket, il y a environ dix ans. Très vite, j'ai eu cette volonté d'aider les jeunes. Dans ce désir de vouloir aider le basket français, de redonner à mon pays, l'Académie va bien au-delà du basket. Je me suis battu pour qu'on arrête de parler de « centre de formation ». L'Académie n'est pas un centre de formation, c'est une école internationale. Elle n'est même pas dans la structure de l'ASVEL. Elle a sa propre société, ses propres actionnaires. Oui, le centre de formation est intégré à l'Académie et va bénéficier des installations. Mais l'ASVEL lui verse un loyer. Sa vocation est d'abord sociale et professionnelle. On ne va pas sortir que des basketteurs pros, loin de là. Ce que l'on veut, c'est que le jeune qui sorte de là puisse s'épanouir et soit heureux dans sa vie. C'est vraiment mon idée.

En 2014, quand je reprends l'ASVEL, on a déjà négocié le terrain pour l'Académie, avec le maire de Lyon, Gérard Collomb, à Pékin ! Il y avait une délégation lyonnaise là-bas, moi j'y étais pour mon sponsor, Peak. Je les ai rejoints à leur hôtel et, avec Gérard Collomb, on a négocié l'emplacement près de Gerland et le prix du terrain. C'est en Chine qu'est née l'Académie, finalement !

Elle n'est pas seulement ouverte aux basketteurs. Quand j'étais jeune et que j'étais en vacances l'été, je ne voulais pas jouer au basket. Je ne touchais pas un ballon. Pour rester en forme, les deux sports que je faisais le plus souvent, c'était le tennis et le beach-volley. Il y avait toujours un terrain de tennis pas loin et, sur les plages, des terrains de beach, on en trouvait partout. C'était facile pour rester en forme. C'est aussi pour cela que j'ai vraiment envie de faire entrer le tennis dans l'Académie. Avec Caroline Garcia, qui est lyonnaise, on a créé des liens. On verra où cela nous emmène. On se parle souvent au téléphone, c'est maintenant une amie, qui vient tout le temps nous soutenir à l'ASVEL. J'aimerais vraiment faire des choses avec elle, quand elle sera prête, bien sûr. Mon but maintenant, c'est de monter un projet unique en France, global, cohérent, avec les deux clubs et l'Académie.

MA VIE « PRIVÉE »

Je suis conscient d'avoir une vie qui ne ressemble pas à celle de tout le monde. J'ai deux gardes du corps qui m'accompagnent partout depuis un sacré bout de temps, maintenant. Steve, depuis dix-huit ans et Victor, depuis onze ans ! En fait, tout est allé tellement vite pour moi, les choses ont pris une telle ampleur très tôt, que, par précaution, j'ai voulu m'entourer de quelqu'un dès l'âge de 19 ans. On ne sait jamais ce qui peut arriver dans la vie.

J'ai pris cette décision à l'été 2002, au retour de ma première saison NBA, lors de mon premier camp de basket, organisé avec Nike sur le parvis de la Défense. Il faut croire que beaucoup de choses sont nées sur ce parvis (voir chapitre « Ma vie d'homme d'affaires »). L'excitation collective et la façon dont certaines personnes m'attrapaient, puis plus tard, le fait de ne plus pouvoir marcher tranquillement dans la rue sans me faire accoster… J'ai donc pris un garde du corps, juste au cas où. Comme le faisaient d'autres joueurs NBA.

En fait, c'est plus de la prévention qu'autre chose. Il y a eu trois, quatre situations seulement dans ma carrière, où j'ai eu affaire à des fans un peu excessifs, mais sinon ça s'est toujours bien passé. Sans doute aussi parce que j'ai justement, ces personnes auprès de moi. Ça dissuade beaucoup. Et puis, c'est aussi lié à mon style de vie. Au début de ma carrière, j'aimais bien sortir, aller en boîte. On y rencontre parfois des gens bourrés, on ne sait jamais comment ils vont réagir. On en a vu des joueurs NBA se battre en boîte de nuit... Quand tu voyages beaucoup, quand tu passes du temps dans les aéroports, quand tu vas au restaurant, on ne te laisse jamais tranquille. La présence de gardes du corps, ça crée de la tranquillité. Ça m'a offert quelque temps off. C'est précieux au quotidien.

C'est précisément un soir où j'avais donné un jour off à mon garde du corps, Steve, que je suis passé à trois millimètres de perdre un œil. C'était à New York en juin 2012. J'étais avec Thierry Henry en boîte, au *WIP*. Il y avait la propre sécurité de l'établissement. Mais cette nuit-là, Chris Brown et Drake se sont battus à cause de Rihanna ! Des bouteilles ont commencé à voler. J'ai voulu protéger Axelle et je me suis pris un bout de verre dans l'œil.

Quelques heures plus tard, on prend l'avion pour Paris. Je ne dors quasiment pas, j'ai encore un peu d'alcool dans le sang, je ne me rends pas trop compte. Juste une petite gêne dans l'œil. Durant le voyage, je n'arrête pas de me gratter. La sensation d'avoir toujours quelque chose dans l'œil.

En arrivant à l'aéroport j'en parle à Axelle. On décide alors d'aller direct aux Urgences. À l'examen, le doc m'annonce qu'il faut opérer d'urgence, dans l'heure, car il y a un risque réel que je perde mon œil ! J'hallucinais. Je n'ai même pas le temps d'appeler les Spurs, de prendre un autre avis. Heureusement, en frottant mon œil durant le voyage, je n'ai pas cassé le bout de verre qui aurait pu s'éparpiller. Sinon, ça aurait pu être beaucoup plus sérieux.

L'opération dure deux heures. Mon œil est sauvé, mais j'ai dû passer dix jours à l'hôtel avec Axelle, dans une chambre toute noire. Elle devait me mettre quatre ou cinq sortes de gouttes différentes toutes les deux heures. Assez lourd et contraignant comme protocole. Axelle s'est transformée en infirmière de luxe, elle est restée avec moi dans le noir pendant dix jours ! On regardait des séries, j'avais une protection sur l'œil qui ne devait absolument pas être en contact avec le moindre rayon de lumière. On restait dans le noir et on mangeait seulement avec l'éclairage de la télé ! Après il y a eu les check-up, toutes les deux semaines, pour surveiller la cicatrisation. Les Spurs m'ont ensuite rapatrié aux États-Unis et envoyé chez un spécialiste à Atlanta, pour savoir si je pouvais participer aux JO de Londres quelques semaines plus tard. Le spécialiste, sincèrement, ne voulait pas trop que je joue. Il estimait que c'était risqué, si je me reprenais un coup, un ballon ou un doigt dans l'œil. C'était encore fragile, mais guéri et j'ai décidé de jouer quand même avec des lunettes de protection. Heureusement pour moi, il n'est rien arrivé. Quand j'y repense, c'était quand même une drôle de soirée. J'ai porté plainte contre la boîte de nuit et obtenu gain de cause, évidemment. Ça ne m'a pas incité à moins sortir, mais désormais j'y vais toujours accompagné d'au moins un de mes gardes du corps.

C'est sûr que c'est dur d'expliquer aux gens pourquoi il vient avec moi aux toilettes ! Mais c'est justement quand les gens te voient tout seul, dans ces situations-là, qu'ils peuvent tenter quelque chose ou essayer de t'approcher, de te parler. Toi, parfois, tu as juste envie de rester tranquille. Je suis tout le temps en représentation et la présence de Steve et de Victor, c'est devenu une habitude. Ils font partie de la famille. Je ne fais même plus attention. Ils connaissent tout le monde. Mes parents et mes frères sont presque étonnés quand j'arrive sans eux. Je peux aller dormir, mon père va aller boire un verre avec Steve et Victor.

Je ne me plains jamais de cette vie-là. Encore heureux ! C'est la rançon de la gloire. Quand je suis en représentation, que la soirée est faite pour ça, les photos, les signatures, etc., il n'y a aucun problème, j'ai une grande patience. S'il faut faire des photos toute la soirée avec tout le monde, je les ferai avec tout le monde. Après, si j'ai besoin d'une heure tranquille, je le dis à Steve et Victor et ils savent quoi faire. Ce sont eux qui s'embrouillent avec les gens, parfois, pas moi ! C'est arrivé une fois en Chine, notamment. Là-bas, les fans sont agressifs, mais Steve et Victor ont l'habitude.

Eva qui ?

Quand je rencontre Eva en novembre 2004, je ne sais pas qui c'est ! C'étaient les débuts de la série télé *Desperate Housewives*. Pas encore le succès planétaire que ça allait très vite devenir. Je ne sais donc pas qui c'est. À la fin du match, on vient me dire qu'elle veut me parler. Je réponds : « Eva, qui ? » Elle arrive dans le vestiaire, on discute, on accroche bien et on décide de se revoir. Mais on ne passe pas la soirée ensemble. La relation s'est construite petit à petit.

Au début, à aucun moment je ne me dis que je plonge dans le monde du people et de la célébrité. Je ne m'en rends pas compte parce qu'Eva n'est pas encore la star qu'elle va devenir. Personne ne pouvait prédire ça. Combien deviennent stars à Hollywood grâce à une série télé ? On les compte sur les doigts de la main ! Je sortais juste avec une fille normale, qui était actrice dans une série télé. Voilà. Ce n'est pas comme si j'avais rencontré Julia Robert et que j'étais rentré le soir chez moi en disant : « Oh ! papa, je sors avec Julia Roberts ! » Eva, quand je l'ai rencontrée, *Desperate Housewives* n'était sorti que depuis deux semaines seulement. C'est par la suite que ça devient un phénomène mondial. J'ai vu Eva devenir star de Hollywood. Finalement, on a grandi ensemble.

Quelques mois plus tard, en 2005, je deviens une deuxième fois champion NBA et *Desperate Housewives* commence à gagner des *awards* partout. Même chose en 2007 : je décroche mon troisième titre NBA et eux continuent de tout rafler ! On était tous les deux jeunes, tous les deux en train de monter dans nos métiers respectifs. On était excités, tout était nouveau, on se disait : « Allez, on va le faire ! »

On n'a jamais vraiment vécu ensemble. Elle était à Los Angeles, moi à San Antonio. Elle faisait des allers-retours, toutes les deux semaines à peu près. Les étés, on essayait de passer plus de temps ensemble, mais parfois elle avait des tournages et moi, l'équipe de France. Pas simple. Elle venait me voir en équipe de France quand elle avait un peu de temps. C'était d'abord une relation à distance, plus qu'une vie commune.

Quand la série commence à avoir un gros succès, je suis effectivement entraîné dans un monde qui n'est pas le mien. Je suis là pour la soutenir. Je regarde, j'observe. Pour les galas, les grosses représentations, les festivals, elle choisissait avec moi mes tenues, elle était très attentive à ça. Forcément, cette relation commence à avoir un certain impact dans le milieu de la NBA et chez les Spurs notamment, d'autant que la famille d'Eva est de San Antonio. Pour rigoler, dans le vestiaire, Tim Duncan m'appelait parfois « Mister Hollywood ».

C'est pour aller voir Eva à Los Angeles que j'ai pris un avion privé pour la première fois. Je passais beaucoup de temps dans les avions à cette époque. J'avais tellement d'énergie. Je ne me reposais jamais, je n'avais pas besoin de beaucoup dormir, j'enchaînais les allers-retours et les performances. Les Spurs me laissaient gérer ma vie ainsi, parce que Pop savait que j'étais sérieux. Il avait rencontré Eva, il savait que c'était une vraie relation, pas juste une copine de passage. Une fois qu'il savait cela, Pop faisait tout pour que ça marche. Parfois, il me laissait partir plus tôt pour prendre un avion ou m'autorisait à rejoindre l'équipe un peu plus tard. Il a fait plein de trucs pour que ma relation fonctionne. Toutes les franchises NBA n'auraient pas réagi comme ça. Les Spurs étaient très famille. Aux Spurs, les femmes ou les fiancés peuvent partir avec les joueurs dans l'avion, ce qui n'était pas autorisé à Charlotte, par exemple.

Dans le décor à Hollywood

Des soirées people évidemment, j'en ai fait quelques-unes. Mais ce qui m'a impressionné, ce qui m'a bluffé aussi, c'est que je ne savais pas que, nous aussi les basketteurs, on pouvait, impressionner les gens de Hollywood. L'été 2004 à Paris, lors d'une avant-première de *Collatéral,* le film avec Tom Cruise et Jamie Foxx, la sœur de Tom Cruise vient me voir :

— Tom aimerait vraiment te rencontrer.

— Ah bon, moi ?

— Oui, il est à fond, il connaît toutes tes stats !

À l'époque, j'étais déjà champion NBA. Moi, je suis quand même assez intimidé, c'est Tom Cruise, j'ai vu tous ses films. Et là, il sort mes stats, il connaît tous mes trucs, c'était hallucinant, il savait tout ! Je comprends alors que ça ne marche pas que dans un sens, que nous, les sportifs, pouvons aussi inspirer les stars du cinéma. Quand j'ai rencontré Will Smith ou Denzel Washington, je me suis aperçu qu'ils étaient autant fans de moi que je l'étais d'eux. Je connais tous les films de Will Smith et lui savait combien de fois j'avais été champion NBA et All-Star !

Pour autant, aller à la soirée des Oscars ou monter les marches à Cannes ne m'a pas procuré d'émotion particulière. Tout simplement parce que ça n'a jamais été mon rêve. Nous, on gagnait des titres, j'étais All-Star, il était là mon rêve. Mais je faisais partie du paysage. En 2007, je suis All-Star, à Las Vegas. Eva est au premier rang avec mon petit frère. Il a comme voisins Mary J. Blige, Jay-Z et Beyoncé, tout le gratin qui vient voir la NBA ! Mon petit frère n'en revenait pas, il était tout excité :

— Non, mais tu te rends compte ? tu as vu à côté de qui je suis !

— Mais moi, je les vois tout le temps, maintenant...

Bien sûr, je me rends compte que je suis dans un monde à part, mais c'est un peu comme si je faisais désormais partie de la famille. On pouvait être chez nous, à Los Angeles, et décider de faire un jeu avec Jennifer Lopez et les autres actrices de *Desperate Housewives*. C'était devenu mon quotidien, en fait. C'étaient nos amis, simplement ils étaient connus ! On allait manger avec David Beckham et sa femme. Chaque soir, il y avait un truc différent. Eva me disait :

— Tiens, ça fait longtemps que je n'ai pas vu Sheryl, on pourrait l'inviter dimanche, j'ai envie de la voir ?

— Sheryl qui ?

— Sheryl Crow.

— Ah ! OK, pas de problème !

C'était notre vie. À aucun moment, je ne me suis senti dans le tourbillon. On était champions NBA, je faisais mon truc sur le terrain. Allez, on va dire que les six premiers mois, j'ai été impressionné. Je croisais les célébrités et je faisais « Waouh ! ». Ça fait toujours bizarre quand tu as l'habitude de voir quelqu'un à la télé et que tu le vois soudain en vrai. Qui que ce soit, même si tu n'es pas fan. Très vite, à force d'aller manger chez les uns et les autres, c'étaient devenues des relations amicales normales. En schématisant, quand j'ai rencontré Leonardo DiCaprio, super gentil, c'était un peu comme si j'avais échangé avec un collègue de travail !

Une vie en accéléré

Le mariage au château de Vaulx-le-Vicomte en 2007, c'est le monde d'Eva, ce n'est pas le mien. Je crois qu'on avait vendu l'exclusivité de ce mariage au magazine people *OK* pour 2,4 millions de dollars ! Eva voulait un gros mariage, j'avais zéro problème avec ça. J'avais envie de lui faire plaisir, je lui ai dit : « Vas-y, tu gères. » C'est son monde, ça, vendre des trucs aux magazines. On était arrivés à un point élevé de notoriété, elle et moi. Moi, j'étais pour la troisième fois champion NBA et meilleur joueur des Finals. J'étais au top du top. Elle était tout en haut avec la série télé. Une offre pareille, ça ne se refuse pas. Ça nous a permis de faire venir tout le monde à nos frais, et même de reverser une somme à une fondation. Il y avait 350 invités. On avait neuf témoins chacun, en référence à mon numéro de maillot. Eva a trois sœurs et elle ne voulait pas choisir entre ses sœurs et ses amis, alors on a décidé de faire neuf et neuf ! Comme ça, on a fait plaisir à tout le monde. On a fait une méga fête, une soirée inoubliable. On ne fait pas tous les jours des soirées comme ça au château de Vaulx-le-Vicomte ! En plus, on nous avait ouvert plein de salles normalement interdites au public.

Ces sept ans avec Eva, c'est une vie de malade, une vie en accéléré. On était tous les deux dans des trajectoires ascensionnelles incroyables. Deux gamins qui réalisaient leurs rêves dans leur métier respectif. On vivait ça à fond. Elle n'a jamais raté un de mes matches de play-offs, elle était là lors de mes titres 2005 et 2007, sur les matches importants en équipe de France. Tous mes grands moments de l'époque, elle était là. Tous ceux qui pensent que ce n'était pas une vraie relation se trompent lourdement. Oui, son métier nous mettait peut-être en avant, mais le mien aussi.

La NBA est suivie par énormément de monde, c'est une machine de guerre, comme Hollywood.

Le divorce

L'histoire de notre séparation, c'est entre elle et moi. Il n'y a que nous qui savons exactement ce qui s'est passé. Je n'ai pas à me justifier auprès de qui que ce soit. Quand une relation se termine, ce n'est jamais simple, surtout quand c'est public. Certains ont voulu profiter de la situation pour se faire de l'argent. Il y a tout eu. En couverture d'un magazine, on a même écrit que je lui avais transmis une MST ! Ce n'était pas facile pour ma famille, pour ma mère en particulier, qui a pleuré en voyant ça. Tellement de gens veulent en profiter ! Ils balancent tout et n'importe quoi dans ce genre de situation. Le seul truc à faire, c'est s'assurer que la famille et les vrais amis connaissent la vérité, et laisser la vie évacuer tout ça. Laisser passer la tempête.

Et il faut aussi gérer sa carrière et être bon, quand même, sur le terrain ! Ce qui est assez dingue, c'est que la semaine où tout sort, à la mi-décembre 2010, je suis quand même élu joueur de la semaine en NBA ! À ce moment-là, je me dis que le seul truc que je peux contrôler, c'est d'être bon sur le terrain. Après, si les gens pensent que je suis une mauvaise personne, je n'y peux rien. Je n'allais pas répondre à chaque magazine, chaque commentaire sur Internet ! J'ai cette faculté à mettre de côté les aléas de ma vie personnelle quand il faut être concentré et bon sur le terrain. Ça a toujours été l'une de mes grandes forces : dès que je rentre dans la salle, que je mets un pied sur le terrain, il n'y a plus que ça qui compte. J'ai toujours été comme ça. Le divorce ne devait pas changer la façon dont j'allais jouer. De fait, à aucun moment, ça n'a impacté mes performances. Zéro. C'est ma qualité première, je pense. Si je dois choisir un trait de caractère qui a été déterminant dans mon jeu ou ma carrière, c'est ma tête. Des joueurs qui sont plus talentueux que moi, qui ont un meilleur tir, qui sont plus techniques, plus athlétiques, c'est sûr qu'on en trouve ! Mais s'il y a un truc où je peux gagner, c'est le mental. Avec la pression, qu'il faut mettre ce shoot-là, à ce moment-là… C'est facile de mettre des tirs à l'entraînement ou même lors des trois premiers quarts-temps. Mais quand il faut être performant au moment décisif, là c'est autre chose. J'ai toujours eu ce sentiment, tout au long de ma carrière, d'avoir fait le bon match au bon moment. Le Nike Hoop Summit, la phase finale de l'Euro Juniors en 2000, le match contre l'Espagne en 2013… Il n'y a qu'un grand rendez-vous que j'ai manqué dans toute ma carrière, je crois, c'est le France-Espagne 2015. Je fais 4/17 aux tirs et pas une fois je ne prends feu, pas une fois je n'ai pu changer le cours du match (voir chapitre « Mon équipe de France »). Je n'ai pas été bon.

Entre Eva et moi, le divorce a été compliqué parce qu'on était tristes, mais pas parce que l'on voulait se faire du mal. C'est pour cela que l'on est restés en contact pendant longtemps. On s'est même demandés à un moment si on ne faisait pas une erreur, si l'on ne devait pas réessayer. On s'est toujours soutenus, on ne s'est pas quittés avec du ressentiment. La preuve qu'il y avait de l'amour et du respect mutuel.

Eva, je l'ai vraiment aimée, c'était une vraie relation. On a même essayé d'avoir des enfants. Ça n'a pas marché. Notre histoire a été compliquée par nos emplois du temps, la relation à distance. Après, il s'est passé ce qu'il s'est passé. Je n'ai pas le droit d'en parler, d'évoquer les raisons pour lesquelles notre histoire s'est terminée. On s'est mis d'accord tous les deux, contractuellement, de ne jamais en parler publiquement.

Avec Eva, on n'est plus du tout en contact depuis 2014, l'année de mon mariage avec « Ax ».

Axelle

Quelques mois après le divorce, je fête mon anniversaire à New York, avec « Titi » Henry et je rencontre Axelle ce soir-là. Elle est journaliste à New York pour différents supports. Elle fait un peu de tout, elle écrit sur plein de domaines, les nouvelles technologies, la biologie, la mode, etc. À ce moment-là, je ne pense pas « vie de couple ». Je sors d'une longue relation, tout comme elle, d'ailleurs, et on n'avait pas envie de repartir si tôt dans quelque chose de similaire. J'apprécie la rencontre, c'est certain, mais je ne vois pas plus loin que l'envie de passer une bonne soirée. Ça va se faire avec le temps, se construire progressivement. En plus, à l'époque, je suis toujours en contact avec Eva, donc je n'imagine pas que ça puisse être sérieux avec Axelle.

Après trois mois, comme on accroche bien, qu'on se parle beaucoup, on tente quelque chose de plus sérieux. 2011, c'est l'année du lock-out NBA. La saison ne reprend pas et je décide d'aller jouer à l'ASVEL un mois ou deux, le temps que la NBA trouve un accord pour lancer la saison. Je lui propose alors de m'accompagner à Lyon, d'essayer de vivre ensemble, pour voir : « Essayons en France et si ça ne marche pas, au moins, tu restes en France et ça ne sert à rien de tout déménager pour venir t'installer à San Antonio. »

Lyon, c'était un test pour nous, nos premiers moments de vie commune. Je n'avais pas encore la maison à Saint-Germain-au-Mont-d'Or, j'avais une grande suite dans un hôtel-appart. J'avais fait venir Cliff, mon cuisinier, je lui avais pris la chambre juste à côté de la nôtre et il venait nous préparer à manger tous les jours. À l'étage, dans un autre appart, il y avait Ronny Turiaf, qui avait aussi décidé de jouer à l'ASVEL pendant le lock-out, et l'on se retrouvait pour tous les repas. Avec Ax, c'étaient nos premiers moments, le temps avançait et aucun de nous deux n'osait aborder la question cruciale : allait-elle venir avec moi à San Antonio ? Jusqu'à ce que la NBA annonce qu'un accord avait été trouvé : la saison allait reprendre le 25 décembre ! On a décidé d'essayer aussi à San Antonio et elle est rentrée avec moi ! C'est le début de notre histoire au Texas.

Notre premier garçon, Josh, est né le 30 avril 2014. On se marie à l'été. Le mariage s'est déroulé chez moi. Pas de journalistes, pas de caméra. Il y avait une centaine de personnes. Ça a duré une semaine. Beaucoup d'invités venaient de France, on n'allait pas les faire venir pour un week-end. Chaque jour, il y avait une animation prévue. Un jour, par exemple, j'ai loué SeaWorld, le parc d'attractions de San Antonio, pour mes invités.

C'est mon ancien coéquipier et pivot des Spurs, David Robinson, qui nous a mariés ! Il est devenu pasteur. On est très proches, David et moi. Il était ravi que je lui demande de nous marier. La cérémonie a eu lieu chez nous.

Quand j'ai divorcé d'Eva, David Robinson était l'une des personnes auprès desquelles je me confiais le plus. Il a été très présent, très à l'écoute, il m'a beaucoup soutenu. Et quand j'ai rencontré Ax, il a été l'un des premiers à qui je l'ai présentée.

L'équilibre

Ma famille sera toujours la priorité. Je ne serai pas auprès de mon club tout le temps. Il faut que j'apprenne à gérer ça. Jusqu'en 2018, c'était inconcevable que je loupe un match de finale de l'ASVEL à domicile. Et pourtant, lors des finales 2019, je suis resté seulement pour le match 1. Le match 2, qui avait pourtant lieu à Villeurbanne, je l'ai regardé à la télé depuis San Antonio, parce qu'il fallait que je sois là pour les enfants. Il y aura des moments importants dans la vie de mon club où je ne serai pas là. D'autant que l'on veut continuer à vivre aux États-Unis. C'est une vie qu'on apprécie, même si on ne parle que français à la maison. Mais on rentrera très souvent en France, désormais. Je progresse ! Sur la finale 2019 des garçons, j'ai manqué les matches 2 et 3, et le match 4 de la finale des filles. La vie est bien faite puisque les deux équipes ont gagné en cinq matches et que j'étais présent lors des deux matches décisifs pour le titre. Ça fait cinq ans que je suis président de l'ASVEL, tout le monde sait que j'adore mon club. Si un jour je loupe un match où l'on gagne le trophée, ce sera comme ça, voilà. Pour le retour du club en Euroligue, il ne faudra pas s'attendre non plus à me voir sur tous les matches. Je serai plus souvent absent que présent. Sur les trente-quatre matches d'Euroligue, si je suis là sur huit, neuf matches, ce sera déjà très bien.

Ce n'est que le début

Ma retraite est toute récente. Je me sens bien, je la vis bien. Je suis tellement passionné par mes divers projets. C'est fort, ce qu'on a fait avec les deux ASVEL. 2019, l'année où je prends ma retraite, on gagne avec les deux équipes. En cinq matches, en beauté, devant notre public à chaque fois. On ne pouvait pas écrire meilleur script, ça ne s'invente pas, ça. Cela confirme que j'ai fait le bon choix et que je peux encore vivre des moments incroyables, autrement.

Sur le terrain, de toute façon, je ne pouvais plus être moi-même. Est-ce que j'aurais pu jouer, faire une année de plus aux Lakers par exemple ? Mes amis me disaient : « Va aux Lakers, ils n'ont pas de meneur ! » C'est clair qu'ils auraient pu me signer. Je connais Danny Green par cœur, j'ai l'expérience, c'est sûr qu'ils m'auraient fait une proposition ! Mais ça m'aurait fait bizarre de jouer une dernière saison avec les Lakers, d'être champion avec eux. J'aurais eu l'impression de trahir les Spurs. Je suis vraiment, vraiment content d'être à la retraite. Je vais pouvoir passer du temps avec ma femme, mes enfants, mes amis et vivre plein d'autres belles aventures. Je n'ai que 37 ans, ce n'est que le début. Avec ce qu'on a fait en cinq ans à l'ASVEL, il y a de belles perspectives. Le basket, sur le terrain, j'ai fait ce que j'avais à faire. Je ne pense pas que j'aurais pu faire mieux.

La naissance des enfants, ça change l'ordre des priorités, on voit la vie différemment. On relativise plus, on a d'autres perspectives. J'adore être père de famille, emmener mes enfants à l'école, retourner les chercher. Mes deux garçons, avec leur cartable sur le dos, qui courent vers moi en criant « Papa ! », ça n'a pas de prix. Ce sont des moments forts. Et je sais que ça ne va pas durer éternellement. Ils ne courront pas toute leur vie vers moi avec leur cartable ! Ils vont grandir vite.

À 12, 13 ans, ils s'en ficheront que je vienne les chercher. En attendant, quand ils me voient à la sortie, ils ont soudain les yeux qui brillent. Je suis leur héros et pour moi, c'est très important d'être là pour eux. Il y a plein de moments avec eux que je ne veux pas louper. Sur l'année à Charlotte, j'ai raté beaucoup de petits moments du quotidien et je ne voulais pas revivre ça.

La naissance de mon premier garçon a lieu en plein play-offs, pendant la série contre Dallas ! Ça n'a pas été facile. On était avec Axelle, on regardait la télé et vers 21 heures, elle me dit :

— Tony, je crois que c'est bon, je perds les eaux !

— Non, pas maintenant, tu n'es pas sérieuse ? je lui réponds en rigolant. J'avais match le lendemain.

— Si, si, je suis sérieuse, il faut y aller !

J'ai attrapé les affaires et on a foncé à l'hôpital. Derrière, c'est allé super vite : à 23 heures, Josh est né. Mais Axelle n'a rien vu de son accouchement. Ils ont dû l'endormir. C'était bizarre. J'étais là, dans la pièce, vêtu comme un médecin, tandis qu'Ax était endormie. Puis, j'ai reçu mon enfant et je ne pouvais pas partager ce moment avec ma femme. C'était vraiment particulier. J'étais tout seul dans la pièce avec Josh, je le tenais dans mes mains. Et là, tout d'un coup, j'ai pris conscience de l'immense responsabilité qui pesait maintenant sur moi. Je me suis dit : « C'est toi désormais qui es responsable de ce petit être. Tu as une vie minuscule entre tes mains, il ne faut pas faire de bêtises. »

Quand Axelle se réveille, elle a mal partout, elle est encore un peu dans le gaz, elle a du mal à réaliser. On a vraiment pu apprécier et partager ensemble l'arrivée de Josh deux à trois heures après seulement. Celle de Liam, en revanche, on l'a vraiment vécue tous les deux de bout en bout.

J'ai toujours voulu être père de famille, mais je n'étais pas pressé. Je trouvais que c'était difficile d'assumer cela en pleine carrière NBA et en équipe de France. Je ne les aurais jamais vus. Je voulais avoir mes enfants vers la trentaine, en m'approchant de la fin de ma carrière. Je savais que je pouvais être là pour eux, même dès leur plus jeune âge. L'été 2019, le premier comme retraité, on a passé quelques jours à Lyon, en famille, pendant les vacances. Et c'était sympa de pouvoir pleinement profiter d'eux. Le matin, je me levais avec eux, on prenait le petit déj et après, l'emploi du temps dépendait de ce qu'ils voulaient faire : piscine, zoo, ciné… Une vie normale, quoi ! Et j'étais heureux de les accompagner partout. Pendant ma carrière, quand je cumulais NBA et équipe de France, il ne me restait vraiment pas beaucoup de temps pour profiter de ma famille et de mes amis. J'avais à peu près deux semaines pour voir tout le monde et c'était cela mon moment préféré : passer du temps avec eux.

Je suis quelqu'un de très famille, j'aime être proche des gens, j'aime l'unité, les expériences communes. Je suis dans le partage. Je suis ambitieux, motivé, j'ai envie de faire plein de choses, je vis à cent à l'heure. On ne vit qu'une fois et j'aurai le temps de me reposer à 65 ans, ne rien faire, prendre le bateau et regarder la mer. Mais là, j'ai envie de vivre le plus de choses possibles.

Une carrière suppose beaucoup de sacrifices. Attention, ça valait le coup, pas de problème, je ne regrette rien du tout. Mais maintenant, ça va être sympa de pouvoir faire plein de choses différentes.

Un petit tour en musique

Bien que séparés, mes parents ont toujours été là, je l'ai déjà raconté. Ils m'ont construit, m'ont apporté des choses, chacun à sa manière. Ma mère, par exemple, m'a transmis cette curiosité, cette envie de découvrir d'autres univers. Très tôt, j'ai voulu connaître le monde du business, mais je suis allé aussi vers le cinéma, la musique. En 2007, j'ai sorti un album, *Tony Parker*, le single *Balance-toi* a été numéro 1 en France pendant deux semaines et je n'étais pas si loin que ça d'être disque d'or. Les gens aiment bien dire que mon incursion dans la musique a été un échec, mais je ne le prends pas du tout comme ça. Pour moi, c'était un bol d'air au bon moment. J'ai rencontré des gens merveilleux et aujourd'hui encore, il m'arrive de croiser des gens qui connaissent mes musiques et mes paroles par cœur ! Par exemple, mon équipe féminine a chanté un de mes morceaux et me l'a envoyé en vidéo pour mon anniversaire.

Au départ, j'avais signé pour trois albums avec TF1. Malheureusement je n'ai pas pu continuer dans la musique, c'était juste incompatible avec ma carrière sportive. Ils voulaient que je parte en tournée l'été, j'avais fait trois plateaux télé, un concert à Lyon. Mais ça aurait été trop difficile de pousser cela. Il fallait choisir entre l'équipe de France et une carrière musicale. J'ai choisi. J'ai expliqué aux gens de TF1 que ce n'était pas compatible avec ma carrière en équipe de France : je ne pourrai pas partir en tournée, faire des concerts, etc. Au final, je n'ai fait qu'un album.

J'avais pourtant passé énormément de temps là-dessus. J'avais un studio à San Antonio et j'y allais après les matches à domicile. Presque tous les soirs ! Comme Eva ne vivait pas avec moi, j'avais pas mal de temps libre et je travaillais sur mes sons, sur l'écriture. J'ai adoré ce monde-là, j'y ai rencontré des gens merveilleux. Sur cet album, j'ai bossé avec un producteur qui s'appelait Skalp, que j'ai rebaptisé « Skalpovich », en référence à Popovich, mon coach aux Spurs, tellement il était sévère, pointilleux, discipliné : « Non, on recommence, encore Tony, encore ! Refais-la comme ci, refais-la comme ça ! » Pour l'écriture, j'ai travaillé avec Éloquence. J'avais fait des *featuring* avec Jamie Foxx, Fabulous, Booba, Soprano et Don Choa de la Fonky Family. Mon ami, Cut Killer, m'a donné aussi pas mal de conseils pour bien appréhender ce monde de la musique.

On a fait un concert lors du All-Star Game à Houston, en février 2006. Plus d'un an avant la sortie de l'album en mars 2007. Bien sûr que ça aurait pu être beaucoup mieux. C'étaient nos débuts, on avait beaucoup de choses à apprendre. On est arrivés très en retard sur scène, mais dans ce monde-là, ils ne sont jamais à l'heure. Ils prennent leur temps, ils sont tranquilles. Ça n'a rien à voir avec le monde du basket. C'était ma première expérience, mon premier concert. J'ai tout découvert à ce moment-là et ça m'a servi pour les concerts suivants. Un an après, à la sortie de mon album, quand j'ai fait le Hit Machine sur M6 ou mon concert à Lyon, j'étais beaucoup mieux préparé. J'avais fait une demi-heure environ sur scène à Lyon, la moitié de mon album. Il y avait du monde, beaucoup de teenagers, c'était très jeune, mais c'était sympa. Derrière la sortie de l'album, j'ai fait deux, trois concerts, trois, quatre apparitions télé et trois clips.

Aujourd'hui, j'écoute plutôt de la musique classique, du rock and roll, que du rap, et je ne reviendrai pas vers la musique. Entre ma famille, mes enfants et ma vie de chef d'entreprise, ce ne serait pas gérable de faire une carrière d'artiste. Ce n'est pas possible.

Quelle vie !

Quand j'ai commencé, le basket français avait une toute petite place en Europe et dans le monde.

On ne nous respectait pas. Ma motivation a toujours été de montrer qu'en France aussi on savait jouer au basket. Qu'on pouvait être champion d'Europe, champion NBA avec un meneur français. Je ne me suis jamais vu comme celui qui allait éclairer ou guider, mais bien plus comme celui qui avait envie d'aider le basket français. J'ai toujours pris très au sérieux ce rôle d'ambassadeur du basket français. Très tôt, on m'a fait porter beaucoup d'espoirs et j'ai pris cela comme une responsabilité. Sans jamais me poser la question de savoir si je méritais ou non tout ce qui m'arrivait.

En juillet 2019, je parraine un camp de basket à Pointe-à-Pitre, en Guadeloupe. Le bonheur des gens à mon arrivée et l'accueil de star qu'ils m'ont réservé, ça m'a fait chaud au cœur. J'ai réussi à impacter tellement de gens dans une île où je n'étais jusqu'à ce jour jamais allé. Comme aux Philippines en 2016 où j'ai été reçu par des fans incroyables. En Guadeloupe, certains m'ont dit : « Tu nous as rendus tellement heureux, tellement fiers. Tu es Guadeloupéen pour nous ! » Ce genre de chose, c'est simplement impressionnant et émouvant.

La façon dont j'ai grandi, le fait de devoir m'occuper de mes frères très tôt dans ma jeunesse, d'être déjà un peu comme un père de famille, puis sur le terrain, en raison de mon poste de meneur, tout cela me fait dire que j'étais né pour être un leader.

À l'annonce de ma retraite, beaucoup de messages m'ont touché. Quand Pau dit que je suis un joueur qu'on ne voit qu'une fois par génération, je ne savais pas qu'il pensait ça de moi, quand Zizou parle de légende, alors que lui-même en est une, ça fait bizarre. Lorsque j'ai commencé ma carrière, je ne pensais pas à ça. Et quand tu la termines avec ces louanges-là, tu as l'impression de l'avoir réussie, ta carrière. Quand on parlera du basket français, on sera obligé de s'arrêter sur un chapitre « Tony Parker » comme avant, Alain Gilles ou Antoine Rigaudeau.

J'espère qu'après-moi, il y en aura d'autres et que j'aurai réussi à influencer toute une génération de basketteurs qui va maintenant faire sa propre route. Quand je me retourne et que j'essaie de mesurer tout ce que j'ai accompli, la première réflexion qui me vient c'est : « Quelle vie ! » J'ai 37 ans, j'ai l'impression d'avoir tout fait en accéléré. C'est un peu comme si j'avais déjà vécu dix vies. C'est allé au-delà de toutes mes espérances, au-delà de tous mes rêves. Maintenant, j'ai envie de visiter le monde, d'aller partout. Mon bateau sera prêt en 2021.

Annexes

Ma fiche

Né le 17 mai 1982 à Bruges (Belgique)
1,86 m (1,88 m avec les chaussures, c'est comme cela qu'on nous mesure en NBA)
84 kg

Équipes

Jeunes

- 1992-1993 : Fécamp
- 1993-1996 : Déville-lès-Rouen
- 1996-1997 : Mont-Saint-Aignan Basket Club

Senior

- 1997-1999 : Centre fédéral de basket-ball (INSEP, Nationale 1)
- 1999-2001 : PSG Racing Basket puis Paris Basket Racing (Pro A)
- 2001-2018 : Spurs de San Antonio (NBA)
- Octobre-novembre 2011 : ASVEL Lyon-Villeurbanne (Pro A)
- 2018-2019 : Hornets de Charlotte (NBA)

Mon palmarès

En NBA

- 4 titres (2003, 2005, 2007 et MVP des finales, 2014)
- 5 finales (2003, 2005, 2007, 2013, 2014)
- 6 sélections au All-Star Game (2006, 2007, 2009, 2012, 2013, 2014)

Avec les Bleus

- 181 sélections
- 4 médailles
- 1 Or européen (2013)
- 1 Argent européen (2011)
- 2 Bronze européen (2005, 2015)
- MVP de l'Eurobasket 2013

Meilleur basketteur européen de l'année FIBA Europe 2013 et 2014
Champion des champions français de *L'Équipe* 2003 et 2013

Mes records

En NBA

- Record de points sur un match
  55 (5 novembre 2008)
- Record de passes sur un match
  18 (21 mai 2013)
- Record de rebonds sur un match
  12 (10 décembre 2012)
- Meilleur passeur de l'histoire des San Antonio Spurs
  6 829 passes
- Premier Européen ayant disputé le plus grand nombre de matches en play-offs
  226 matches
- Meilleur marqueur européen de l'histoire en saison en play-offs
  4 045 points
- Meilleur passeur européen de l'histoire en saison régulière
  7 036 points
- Meilleur passeur européen de l'histoire en saison en play-offs
  1 143 passes

- 1 254 matches disputés en saison régulière (34e)
- 19 473 points inscrits en saison régulière (43e)
- 4 045 points inscrits en play-offs (9e)
- 7 036 passes en saison régulière (17e)
- 1 143 passes en play-offs (5e derrière M. Johnson, J. Stockton, L. James, J. Kidd)

Avec les Bleus

- Record de points sur un match
  37 (20 septembre 2008)
- Total
  2 741 points inscrits (15,1 pts/match)

Je suis le quatrième meilleur marqueur de l'histoire derrière Hervé Dubuisson (3 921), Jacques Cachemire (2 843) et Stéphane Ostrowski (2 813).

À l'Eurobasket

- 1 104 points inscrits

Je suis le deuxième meilleur marqueur de l'histoire derrière Pau Gasol (1 183) et devant Dirk Nowitzki (1 052).

Mes stats

En équipe de France

Compétition	Équipe	Matches	Minutes	% Tirs	% 3-pts	% Lancers francs	Points
Euro Juniors 2000	France Juniors	8	28	45,3 %	34,8 %	85,3 %	14,4
Euro 2001	France	6	16	46,0 %	20,0 %	66,7 %	8,7
Euro 2003	France	6	33	41,9 %	31,3 %	68,9 %	18,0
Euro 2005	France	7	28	34,4 %	20,8 %	57,1 %	11,9
Euro 2007	France	9	31	46,8 %	32,7 %	77,0 %	20,1
Euro 2009	France	8	30,9	40,9 %	28,9 %	71,9 %	17,7
Euro 2011	France	10	35	45,6 %	33,3 %	80,9 %	22,1
JO 2012	France	6	30	40,7 %	26,3 %	76,7 %	15,7
Euro 2013	France	11	29,6	50,7 %	29,4 %	78,3 %	19
Euro 2015	France	9	27,7	34,3 %	28,6 %	74,3 %	12
JO 2016	France	5	22,7	51,2 %	30,8 %	90 %	13,2

En saison régulière en Pro A

Saison	Équipe	Matches	Minutes	% Tirs	% 3-pts	% Lancers francs	Passes décisives	Contres	Points
1999-2000	PSG Racing	23	10	43,4 %	32,3 %	50,0 %	1,7	0,0	3,9
2000-2001	Paris Basket Racing	30	33	48,9 %	30,3 %	74,7 %	5,6	0,0	14,7
2011-2012	ASVEL Lyon-Villeurbanne	7	30,5	46,2 %	41,4 %	72,7 %	6,3	0,0	20,3
Total		**60**	**23,9**	**47,9 %**	**30,8 %**	**69,9 %**	**4,2**	**0,0**	**11,2**

En play-offs en Pro A

Saison	Équipe	Matches	Minutes	% Tirs	% 3-pts	% Lancers francs	Passes décisives	Contres	Points
1999-2000	PSG Racing	2	7	16,6 %	0 %	–	1,5	0,5	
2000-2001	Paris Basket Racing	2	31	36,8 %	11,1 %	77,7 %	3,0	0,0	11,0
Total		**4**	**19**	**32,0 %**	**8,3 %**	**77,7 %**	**2,2**	**0,2**	**6,0**

En saison régulière NBA (en gras mes records)

Saison	Équipe	Matches	5 Majeur	Minutes	% Tirs	% 3-points	Lancers francs	Passes décisives	Points
2001-2002	San Antonio	77	72	29,4	41,9 %	32,3 %	67,5 %	4,3	9,2
2002-2003	San Antonio	**82**	**82**	33,8	46,4 %	33,7 %	75,5 %	5,3	15,5
2003-2004	San Antonio	75	75	**34,4**	44,7 %	31,2 %	70,2 %	5,5	14,7
2004-2005	San Antonio	80	80	34,2	48,2 %	27,6 %	65,0 %	6,1	16,6
2005-2006	San Antonio	80	80	33,9	**54,8 %**	30,6 %	70,7 %	5,8	18,9
2006-2007	San Antonio	77	77	32,5	52,0 %	39,5 %	78,3 %	5,5	18,6
2007-2008	San Antonio	69	68	33,5	49,4 %	25,8 %	71,5 %	6,0	18,8
2008-2009	San Antonio	72	71	34,1	50,6 %	29,2 %	78,2 %	6,9	**22,0**
2009-2010	San Antonio	56	50	30,9	48,7 %	29,4 %	75,6 %	5,7	16,0
2010-2011	San Antonio	78	78	32,4	51,9 %	35,7 %	76,9 %	6,6	17,5
2011-2012	San Antonio	60	60	32,1	48,0 %	23,7 %	79,9 %	**7,7**	18,3
2012-2013	San Antonio	66	66	32,9	52,2 %	35,3 %	**84,5 %**	7,6	20,3

2013-2014	San Antonio	68	68	29,4	49,9 %	37,3 %	81,1 %	5,7	16,7
2014-2015	San Antonio	68	68	28,7	48,6 %	**42,7 %**	78,3 %	4,9	14,4
2015-2016	San Antonio	72	72	27,5	49,3 %	41,5 %	76,0 %	5,3	11,9
2016-2017	San Antonio	63	63	25,2	46,6 %	33,3 %	72,6 %	4,5	10,1
2017-2018	San Antonio	55	21	19,5	45,9 %	27,0 %	70,5 %	3,5	7,7
2018-2019	Charlotte	56	0	17,9	46,0 %	25,5 %	73,4 %	3,5	9,5
Total		**1 254**	**1 151**	**30,5**	**49,1 %**	**32,4 %**	**75,1 %**	**5,6**	**15,5**
All-Star		6	0	18,3	52,2 %	16,7 %	100 %	4,7	8,8

En play-offs NBA

Saison	Équipe	Matches	5 Majeur	Minutes	% Tirs	% 3-points	% Lancers francs	Passes décisives	Points
2001-2002	San Antonio	10	10	34,1	45,6 %	37,0 %	75,0 %	4,0	15,5
2002-2003	San Antonio	**24**	**24**	33,9	40,3 %	26,8 %	71,3 %	3,5	14,7
2003-2004	San Antonio	10	10	**38,6**	42,9 %	39,5 %	65,7 %	**7,0**	18,4
2004-2005	San Antonio	23	23	37,3	45,4 %	18,8 %	63,2 %	4,3	17,2
2005-2006	San Antonio	13	13	36,5	46,0 %	22,2 %	81,0 %	3,8	21,1
2006-2007	San Antonio	20	20	37,6	48,0 %	33,3 %	67,9 %	5,8	20,8
2007-2008	San Antonio	17	17	38,5	49,7 %	35,0 %	75,3 %	6,1	22,4
2008-2009	San Antonio	5	5	36,2	**54,6 %**	21,4 %	71,0 %	6,8	**28,6**
2009-2010	San Antonio	10	2	33,5	47,4 %	**66,7 %**	59,5 %	5,4	17,3
2010-2011	San Antonio	6	6	36,8	46,2 %	12,5 %	75,6 %	5,2	19,7
2011-2012	San Antonio	14	14	36,1	45,3 %	33,3 %	80,7 %	6,8	20,1
2012-2013	San Antonio	21	21	36,4	45,8 %	35,5 %	77,7 %	7,0	20,6

2013-2014	San Antonio	23	23	31,3	48,6 %	37,1 %	72,9 %	4,8	17,4
2014-2015	San Antonio	7	7	30,0	36,3 %	0,0 %	58,8 %	3,6	10,9
2015-2016	San Antonio	10	10	26,4	44,9 %	25,0 %	85,7 %	5,3	10,4
2016-2017	San Antonio	8	8	26,4	52,6 %	57,9 %	**100 %**	3,1	15,9
2017-2018	San Antonio	5	0	13,4	37,8 %	0,0 %	71,4 %	1,2	6,6
Total		**226**	**213**	**34,3**	**46,1 %**	**30,9 %**	**73,1 %**	**5,1**	**17,9**

Lexique

All-NBA Team : regroupe les quinze meilleurs joueurs NBA de la saison, désignés par un panel de journalistes et divisés en trois équipes de niveaux différents, la première (*First NBA Team*) étant la plus prestigieuse.

All-Star : un joueur est désigné All-Star dès lors qu'il est sélectionné pour le All-Star Game, match réunissant à la mi-février les vingt-quatre meilleurs joueurs de la saison NBA en cours (douze issus de la Conférence Ouest et douze de l'Est). Tony Parker fut six fois All-Star au cours de sa carrière.

Back-to-back : fait de gagner deux championnats NBA consécutifs. Ce que les Spurs, sous l'ère Tony Parker, n'ont jamais réalisé.

Clutch player : se dit d'un joueur capable d'être décisif dans les moments cruciaux d'un match, notamment dans les dernières minutes.

Draft : point d'entrée principal en NBA pour la majorité des jeunes joueurs ayant entre 19 et 22 ans dans l'année civile de la draft. L'événement a lieu chaque année à la fin du mois de juin. Les trente franchises NBA choisissent à tour de rôle un joueur, selon un ordre établi par tirage au sort, orienté au préalable à l'inverse du classement sportif de la saison précédente.

Euroligue : compétition européenne majeure en Europe, l'équivalent de la Ligue des Champions en football.

Family Office : entreprise de gestion de patrimoine. NorthRock en est une, dans laquelle Tony Parker a pris la direction de la division « Sports, artistes et divertissement » en juin 2019.

GM : désigne le manager général d'une équipe, le trait d'union entre la présidence d'un club et le staff technique.

Hoop Summit : rencontre annuelle opposant les meilleurs jeunes joueurs américains de 17 à 19 ans aux meilleurs jeunes joueurs du reste du monde.

Jump shoot : tir en suspension, le plus souvent à mi-distance.

Lay-up : fait de marquer en course près du cercle après un double pas, en portant le ballon et sans smasher.

Legacy : il s'agit de l'héritage, l'empreinte laissée dans l'histoire par un sportif. Tony Parker a toujours eu cette volonté de laisser une marque dans l'histoire de son sport.

Lock-out NBA : désigne une période de grève opposant le syndicat des joueurs à la Ligue et aux propriétaires des franchises NBA. En 2011, le lock-out s'est étendu du 1er juillet au 25 décembre, jour du lancement de la nouvelle saison, ce qui permit à Tony Parker de jouer le début de saison en France, sous le maillot de l'ASVEL.

Mafia : version américaine du jeu « les Loups-Garous et les Villageois », où les premiers ne doivent pas se faire démasquer et les seconds, par leur perspicacité et leur intuition, doivent découvrir qui, parmi les Villageois, est en réalité un Loup-Garou.

Money time : désigne les minutes décisives, cruciales, celles de la fin d'un match.

MVP : signifie *Most Valuable Player*. Il s'agit de la récompense individuelle suprême en NBA puisqu'elle désigne le meilleur joueur de la saison régulière. Mais il est décerné aussi le titre de MVP des finales, qui récompense le meilleur joueur de la finale NBA, ce que Tony Parker a obtenu en 2007.

Play-offs : deuxième partie d'une saison NBA, qui regroupe les seize meilleures équipes (huit à l'Ouest et huit à l'Est) dans un tournoi final qui sacre l'équipe championne NBA.

Pick-and-roll : le jeu en « pick-and-roll » est un fondamental du jeu offensif en basket. Il s'agit d'un jeu à deux avec écran, où le coéquipier du porteur de balle va « poser un écran » sur le défenseur, avant de se diriger vers le cercle pour recevoir la balle.

Quarterback : il s'agit du meneur de jeu d'une équipe de football américain, celui qui oriente et qui commande les stratégies, dans un profil similaire à celui du meneur de jeu au basket.

Rookie : terme qui désigne le joueur dans sa première saison NBA.

Rookie wall : c'est le coup de fatigue inévitable dans la première saison, pour le jeune joueur qui découvre la NBA. Généralement, la période décembre-janvier est propice au « rookie wall ».

Step-back : action offensive dans laquelle le porteur de balle opère un pas en arrière (ou de côté) à grande vitesse, de façon à créer une distance avec son défenseur et ainsi déclencher son tir sans gêne. En NBA, Dirk Nowitzki était un maître de ce geste technique, parfaitement maîtrisé par James Harden aujourd'hui.

Summer League : littéralement « Ligue d'été », il s'agit de vastes camps d'entraînement ayant lieu dans le courant du mois de juillet, regroupant une grande partie des joueurs draftés quelques semaines plus tôt.

Tear drop : geste technique popularisé et élevé au rang d'art par Tony Parker. Il s'agit d'un tir lobé, un tir en course qui permet de shooter dans la raquette au-dessus des grands, la balle retombant comme une « larme » dans le cercle.

Trapper : action collective en défense pour presser le porteur de balle adverse et le coincer dans un coin du terrain.

Workout : séance d'entraînement évaluée, qui a lieu en amont de la draft et qui permet aux jeunes joueurs de se montrer aux entraîneurs et dirigeants des équipes NBA.

Postface

Parker, « enfant » de *L'Équipe*

Très tôt, la carrière de Tony Parker a été racontée dans les colonnes de *L'Équipe*. À l'instar des plus grands sportifs de la planète, le meilleur basketteur français de l'histoire n'a pas échappé à la loupe et l'attention du quotidien sportif. De l'INSEP à la fin des années 1990, jusqu'en Caroline du Nord pour les toutes dernières lignes de sa carrière au printemps 2019, il y eut toujours un œil, une plume pour conter Tony Parker. À Paris, pour ses deux saisons dans la capitale, *L'Équipe* le mit en lumière. À San Antonio, durant ses dix-huit ans de succès texans, le journal fut pendant très longtemps un témoin de son quotidien.

Invité régulier des conférences de rédaction du journal, Tony Parker a souvent posé un regard attentif et aiguisé sur l'actualité sportive. Sacré champion des champions français en 2003 et 2013, sportif français le mieux payé durant quatre années consécutives de 2014 à 2017, Tony Parker a souvent fait la Une du journal et les très bonnes feuilles du *Magazine L'Équipe*, grâce à une sincérité et une grande franchise de propos dans ses interviews, notamment lorsqu'il parlait d'argent en toute transparence. Aujourd'hui retraité, Tony Parker se confie dans ce livre, mais il ne disparaît pas pour autant des radars. Homme d'affaires accompli et patron de l'ASVEL, il va continuer à faire l'événement et *L'Équipe* n'a pas fini de le raconter…

D. L.

Crédits photographiques

1ère de couverture : Jean-François Robert / L'Équipe

CAHIER PHOTO

Collection privée Tony Parker : pages 1, 2, 3, 4, 5, 6, 19 [bas], 20 [bas], 26, 27.

– page 7

C. STEENKESTE / PRESSE SPORTS

– page 8

Haut, gauche : N. LUTTIAU / L'ÉQUIPE
Haut, droite : F. CAROL / PRESSE SPORTS
Bas : C. LUDOVIC / PRESSE SPORTS

– page 9

Haut : P. LABLATINIERE / L'ÉQUIPE
Bas : C. STEENKESTE / PRESSE SPORTS

– page 10

C. STEENKESTE / PRESSE SPORTS

– page 11

Haut : P. RONDEAU / L'ÉQUIPE
Bas : J. PREVOST / L'ÉQUIPE

– page 12
J. PREVOST/L'ÉQUIPE 13
Haut : N. LUTTIAU/L'ÉQUIPE
Bas : A. MOUNIC/L'ÉQUIPE

– page 14
L. HAHN/L'ÉQUIPE

– page 15
Haut : PANORAMIC
Bas : J. HANISH/US PRESS WIRE/PRESSE SPORTS

– page 16
L. HAHN/L'ÉQUIPE

– page 17
EXPA/PRESSE SPORTS

– page 18
EXPA/PRESSE SPORTS

– page 19
Haut : L. HAHN/L'ÉQUIPE

– page 20
Haut : J. GLASSBERG/L'ÉQUIPE
Milieu : L. HAHN/L'ÉQUIPE

– page 21
USA TODAY/PRESSE SPORTS

– page 22
R. MARTIN/L'ÉQUIPE

– page 23
Haut : Soobum Im
Bas gauche : USA TODAY/PRESSE SPORTS
Bas droite : J. GLASSBERG/L'ÉQUIPE

– page 24
Haut : E. SCHLEGEL/USA TODAY SPORTS/PRESSE SPORTS
Bas : STEENKESTE CATHERINE

– page 25

USA TODAY/PRESSE SPORTS

– page 28

Haut : USA TODAY/PRESSE SPORTS

Bas : A. MARTIN/L'ÉQUIPE

– page 29

Haut : P. LAHALLE/L'ÉQUIPE

Bas : J. BREVARD/L'ÉQUIPE

– page 30

L'ÉQUIPE

– page 31

L'ÉQUIPE

– page 32

JF. ROBERT/L'ÉQUIPE

Table des matières

13135

Composition
NORD COMPO

Achevé d'imprimer en Slovaquie
par NOVOPRINT SLK
le 10 janvier 2021

Dépôt légal : février 2021
EAN 9782290236963
L21EPLN002869N001

ÉDITIONS J'AI LU
87, quai Panhard-et-Levassor, 75013 Paris

Diffusion France et étranger : Flammarion